政府与企业合作信用风险防范研究

冯利华　著

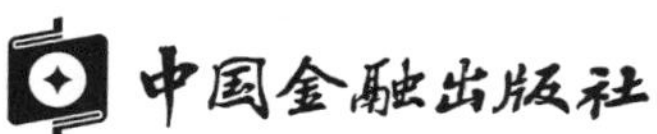

责任编辑：吕　楠
责任校对：孙　蕊
责任印制：赵燕红

图书在版编目（CIP）数据

政府与企业合作信用风险防范研究／冯利华著．—北京：中国金融出版社，2019.9

ISBN 978－7－5220－0114－2

Ⅰ.①政…　Ⅱ.①冯…　Ⅲ.①政府投资—经济合作—信用—风险管理—研究 ②企业管理—经济合作—信用—风险管理—研究　Ⅳ.①F272.35

中国版本图书馆 CIP 数据核字（2019）第 095232 号

政府与企业合作信用风险防范研究
Zhengfu yu Qiye Hezuo Xinyong Fengxian Fangfan Yanjiu

出版
发行　中国金融出版社

社址　北京市丰台区益泽路 2 号
市场开发部　(010)63266347，63805472，63439533（传真）
网上书店　http://www.chinafph.com
　　　　　(010)63286832，63365686（传真）
读者服务部　(010)66070833，62568380
邮编　100071
经销　新华书店
印刷　北京市松源印刷有限公司
尺寸　169 毫米×239 毫米
印张　11
字数　200 千
版次　2019 年 9 月第 1 版
印次　2019 年 9 月第 1 次印刷
定价　50.00 元
ISBN 978－7－5220－0114－2

如出现印装错误本社负责调换　联系电话(010)63263947

“国信智库·博士后丛书”序

“国信智库·博士后丛书”是由国家信息中心博士后科研工作站组织出版的博士后研究成果。国家信息中心是在国家发展和改革委员会的直接领导下，以开发信息资源、服务科学决策为使命，集信息技术、研究、管理于一体的事业单位，是直接服务国家重大战略研究与政策制定的重要智库。国家信息中心博士后科研工作站是原国家人事部2003年正式批准设立，在理论经济学、应用经济学、管理科学与工程、社会学、网络空间安全、战略学和心理学七个学科，具有单独招收博士后研究人员资格的科研工作站。目前博士后指导教师30多人，为博士后开展跨学科、跨领域的项目研究提供全方位的指导。

博士后站一直秉持“明确目标，突出特色，紧密围绕经济社会发展前沿问题开展研究和培养人才”的建站思路，致力于经济建设和信息化发展领域的理论和应用研究、政府决策咨询的高层次人才培养，形成了独具特色的博士后培养模式。建站以来，在人力资源和社会保障部以及全国博士后管理委员会的领导下，在国家发展改革委人事司和各位博士后导师的指导支持下，累计招收博士后研究人员100多人，在国家经济建设和信息化发展中发挥日益重要的作用。

博士后在站期间直接参与重大研究和决策咨询，取得诸多重要成绩，形成一系列重要成果。建站以来，除了每位博士后出站报告外，博士后站共承担国家重大科技专项、国家社会科学基金、国家自然科学基金、部委研究项目等百余项。博士后通过实地调研撰写的研究报告中，多篇获得中央和国务院领导的肯定批示，并成为决策的参考。中宣部，全国哲学社会科学规划办公室等部门曾发函予以表彰。同时，博士后站定期举办的学术论坛，成为学术交流、成果提升的重要平台。

为促进博士后研究成果的转化应用，发挥研究成果的社会效应，现集中整理本站博士后的优秀研究成果，编辑出版“国信智库·博士后丛书”。我们提倡创新、严谨、有影响力的研究，收录的研究作品均为博士后站研究人员的原创成果。我们热切期待，社会各界特别是政策制定人士和学术界的朋友，能够关心支持本丛书，并不吝赐教，使我们的工作不断完善。

序

近年来，我国大力推进政府与社会资本合作模式改革。许多理论和政策问题需要深入研究。其中一个重要问题，就是政府与企业间的信用。国无信不立，事无信不成。信用是政府与企业合作的根基。信用缺失是导致政府与企业合作失败的一个致命风险。作者围绕政府与企业合作的信用问题展开深入研究，在理论与实践的结合上实现了可喜的突破。

鉴于政府与企业合作的范围非常宽泛，作者将研究对象界定为基于契约的政府与企业合作信用风险防范，聚焦突出问题和矛盾。契约精神是法制力量和道德修为的结晶，是连接政府和企业合作的纽带，也是检验信用的“试金石”。但是，政府与企业合作过程中往往出现违约现象，有必要对其违约风险加以专门研究。

作者通过对政府与企业合作的信用风险进行系统的理论分析，从多学科和跨学科角度对预防和控制政府与企业合作项目的信用风险问题提出了解决思路。通过建立随机效用模型，运用二元离散选择的方法，对各类样本数据指标进行显著性检验，评估参数，定量分析出各类因素的影响程度，得出在政府与企业合作项目推进过程中，造成政府或企业履约行为及履约能力未有效发挥的主要原因。这是区别于对政府与企业合作项目风险因素一般定性分析的方法。在实证分析的基础上，根据项目所处的历史背景及当时的政策制度环境总结规律，并结合当前的国家经济政策，市场及行业法规、制度等配套环境条件，从规范的角度提出相应的预防和控制建议，包括通过完善市场竞争环境，加强以法制为基础的诚信体系建设，为合约履行的稳定性提供法律保障，建立情势变更适当补偿制度，完善政府与企业合作项目公司内控管理体系，建立信息沟通机制等一系列对策。

我们相信，这部著作的问世，必将有助于推动政府与社会资本合作改革的一些理论问题的深入探索，必将有助于深化信用政府建设的深入推进，必将有助于信用体系建设理论探索和政策措施的进一步升华。

我们也希望作者能再接再厉、不懈努力，为中国的信用体系建设作出自己的贡献。

曹玉书

2019 年 5 月

摘　要

信用是人们从事各种社会活动的基础。一国的经济发展不仅需要积累大量的物质资本、人力资本和知识，而且需要积累大量信用资本。面对市场发展导致的日益增加的不确定性和交易的复杂性，信用资本已经成为一种越来越重要的“生产要素”。市场分工源于市场主体间的信任，分工产生合作，合作带来效率，这种信任是对合作双方信用的判断，源于主体间对契约的遵守。当前国家推出政府与社会资本合作 PPP 模式，有利于非公经济的发展，有利于提高公共项目服务的有效供给，提高公共服务水平。

本书运用制度经济学、不对称信息理论、动态不一致性理论、博弈论与系统论等经济学理论，分析实践调研结果、具体项目案例，并结合现有的市场环境、政策法规制度，从政府政策、市场法律制度以及 PPP 项目公司内部控制和管理角度提出预防和控制信用风险的措施和建议。

第一，通过设计激励兼容的制度来影响博弈行为，防范信息不对称理论中所指的道德风险和逆向选择问题。

第二，通过定性与定量相结合的方法系统甄别各种可能的风险影响因素，并得出重要影响因素的影响程度。通过模型对最终确定的 28 个违约因素的程度结果进行检验，发现模型预测正确率达到 0.844，可以用此模型对未来项目的违约概率进行预测。其中影响程度高于 4 的有 7 项指标，涉及项目审批、政策环境、融资条件、招商条件、运营收益等。融资条件变化，主要还是融资成本的提高，增加了项目的投资成本。运营收入被拖欠，影响到企业的投资收益。因此，在 PPP 项目合作过程中，造成政府或企业违约的影响因素主要集中在政策的稳定性、项目审批监管程序以及投资收益有效保障问题上。

第三，从系统论的视角提出市场环境法治化建设、项目的外部监管以及项目内控管理三个层面的防范违约风险的政策建议，试图做到全面预防信用风险的发生。一是在市场环境法治化建设的过程中，主要从完善市场竞争环境、加强以法制为基础的诚信体系建设、为PPP合同履行的稳定性提供法律、建立情势变更适当补偿制度、建立明晰的产权机制、强化对违约行为的制裁六个方面加以防范。二是在PPP项目的有效监督与管理过程中，主要从建立健全PPP项目国家控制体系、平衡地方政府事权财权配置、发挥中央和地方PPP机构的作用、建立严格的监管和绩效评价机制以及建立良好的审计和监督体系及方法五个方面加以预防。三是在PPP项目的内控管理过程中，主要从建立行业内规范统一的合同文本、建立利益共享风险共担机制、建立健全PPP项目风险管理体系、培育PPP项目公司内控管理体系、建立有效的风险分担和信用约束机制、建立控制活动制度体系、建立信息沟通机制几个方面考虑，最后为风险防范策略提供思路。

目　录

第一章　导　论

市场主体间的信用问题是我国现有法律与制度框架下的行为选择问题。由于契约精神和法治精神的缺乏，在利益驱动的市场行为中，市场主体间合作过程中信用缺失现象时有发生，给交易双方以及整个社会都带来了一定损失。由于在政府与企业合作项目中现代管理制度与监管体系的不完备，违约风险无法得到有效预防和控制。由于法制、纠纷处理机制的不完善，机会主义者选择违约行为，却可以逃脱相应的惩罚，导致违约发生概率上升。这种违约行为不仅给参与合作的社会资本方和政府部门带来了损失，也破坏了市场秩序，阻碍市场健康发展。因此，防范和控制政府与企业合作项目中的信用风险具有重要的意义。

第一节　选题背景与目的

一、选题背景

20 世纪 70 年代，美国和世界经济陷入“滞胀”的局面，这使得人们开始反思凯恩斯主义，新自由主义思潮开始蔓延。20 世纪 80 年代，里根总统和首相撒切尔夫人分别在美国和英国推行了“保守主义革命”。在英国，撒切尔夫人领导的保守党政府在所谓的“行政垄断”和基础设施领域推行民营化，引入竞争。由于公共服务基础设施建设需求开始逐步强化，传统的政府采购模式导致英国公共服务基础设施建设出现投资不足、建设成本与工期超出预算等问题。在这种情况下，为了通过风险分担和利用私营部门的专业技能提高公共服务的效率，同时通过引入一个新的资金渠道来缓解迫在眉睫的公共财政压力，英国政府开始对城市基础设施投融资体制进行相应的改革。其中，最重要的措施就是在公共服务领域采用 PPP（Public－Private－Partnership）模式，即政府不再提供相关的公共服务、公共建设及营运，转而向民间机构购买这些服务。英国财政部原部长拉蒙将此概念在英国的具体化实施称为 PFI，即“私人融资计划”，其为 PPP 模式的一种[①]，对引导基于市场经济环境下针对公共项目进行市场化运作发挥了重要作用。

不过，BOT（Build - Operation - Transfer），即“建设—经营—转让”，作为 PPP 模式的一种，在英国其实已有 300 多年的历史。我国 PPP 模式自 20 世纪 80 年代开始实施，并在多个基础设施行业大量使用，极大地推动了我国基础设施条件的改善。总体上，PPP 经历了以下四个阶段的发展历程。一是理论探讨阶段（1978—1994 年）。这一阶段社会上并未出现 PPP 的完整概念，理论界的讨论主要集中在 BOT 在中国应用的可行性、BOT 的定义、益处和弊端等启蒙性理论探讨上。二是试点推进阶段（1994—2002 年）。这一阶段主要由国家计委主导首批 BOT 试点，各地政府也积极推进实施。1994 年，国家计委批准试点广东电白高速公路、成都自来水六厂、湖南长沙电厂和广西来宾电厂等项目；1995 年，交通部、电力部和国家计委联合出台《关于试办外商投资特许经营权项目审批管理有关问题的通知》，对 BOT 项目审批权进行了规范和控制。三是初步推广阶段（2002—2010 年）。这一阶段中央对相关领域的规范以及鼓励投融资体制改革创新的政策导向，有效地激活了地方政府的创造力。2002 年建设部出台的《大力推进市政公用市场化指导意见》、2004 年出台的《市政公用事业特许经营管理办法》为污水、垃圾处理领域 PPP 的应用创造了条件，2004 年国务院公布的《收费公路条例》，使公路 PPP 模式趋于活跃。地方政府开始实施大量 PPP 项目，PPP 进入广泛发展阶段。四是全面推广阶段（2010 年至今）。随着国务院于 2010 年出台《关于鼓励和引导民间投资健康发展的若干意见》（“新 36 条”），国务院办公厅在同年出台了《关于鼓励和引导民间投资健康发展重点工作分工的通知》，我国进入了全面推广 PPP 的阶段。该通知明确指出，要鼓励和引导社会资本进入基础产业和基础设施、市政公用事业等领域。2012 年 11 月 8 日，党的十八大报告提出要把提高质量和效益作为经济发展方式的立足点，要激发各类市场主体的活力。2013 年 10 月 30 日，第十二届全国人大常委会公布的已明确的 68 项立法项目中，《基础设施和公用事业特许经营法》正式列入立法规划，其中包括推行 PPP 的内容。原为二类立法规划，调整为一类立法。2013 年 11 月 12 日，

① 程立茹，高懿．城市基础设施建设引资经验及策略研究［J］．人民论坛，2012（32）：22－23.

中共十八届三中全会通过了《关于全面深化改革若干重大问题的决定》，提出通过特许经营等方式鼓励社会资本参与到城市基础设施的投资和运营中来。因此，发展 PPP 模式正式获得国家的政策支持。以该决定的通过为标志，PPP 模式进一步上升到推进政府体制机制改革的新高度。2014 年 4 月 30 日，国务院出台了《关于 2014 年深化经济体制改革重点任务意见的通知》，提出建立政府与社会资本合作机制，政府与社会资本合作（PPP）模式的推出有利于非公经济的发展，有利于提高公共项目服务的有效供给，提升公共服务水平。国家发展改革委、财政部和住房城乡建设部鼓励民营企业进入公共领域，支持政府与企业合作 PPP 模式的相关政策，相应的管理办法和实施细则也相继出台。然而笔者在调研中发现，很多民营企业并不愿意参与 PPP 项目，一些地方政府更愿意选择与国有企业合作，现有政策看似为非公经济进入基础设施领域提供了一条通道，但实际上政策真正落实并不顺利，存在种种障碍。

随着中国经济增长进入“新常态”，经济增长速度仍在回落，原有发展模式中的各种弊端也不断暴露出来，比如地方债务问题日趋严重，一方面债务规模仍在不断扩大，另一方面由于经济增长速度下降，债务风险不断积累。面对日益吃紧的地方政府预算和地方债扩张接近极限，探索新的基础设施投资方式，不仅是改善地方政府财务状况的要求，也是进一步提高基础设施水平的要求。而公私合作正是顺应上述要求而出现的新的公共物品与服务提供方式，在许多发达国家，PPP 模式已经得到了广泛应用，涉及公共交通、电力、医疗等行业。对于发展中国家来说，基础设施类公共物品的短缺与政府预算有限之间的矛盾相比发达国家更为严重，因此利用大量社会资本提供公共物品就显得更有必要。

对于 PPP 模式而言，项目的持续期往往比较长，一般在 10 年到 30 年之间，此外，基础设施项目往往需要巨大的投资。从项目本身来说，较长的运营期限和大规模的投资涉及多种不确定性因素。此外，由于中国政府推行 PPP 模式的时间较短，不论是政府还是企业，合作双方的相关经验都较少，在整个合作过程中产生利益冲突在所难免。但真正重要的问题或许是伴随政府与企业合作项目的信用风险。一方面，中国的社会信用体系还很不完善，导致包括各级政府在内的行为主体时常发生违约行为；另一方面，作为一种创新机制，合作双方对于投资的收益和风险的把握往往过于乐观，而当问题出现时，政府和企业都会努力维护自身的利益，甚至不惜以违约为代价。如果不能很好地解决和规避政府与企业合作发展过程中的信用风险问题，那么这种有着多种优势的创新型公共物品提供方式的发展必然受阻，而中国社会本来就脆弱的信用体系也将会再次面临考验。因此，从理论上分析政府与企业合作信用风险的发生和防范机制，并在此基础上剖析中国政府与企业合作的信用风险案例，具有非常重要的理论意义与现实意义。

二、选题目的

本书选题的理论和实践渊源是现阶段政府与社会资本合作（PPP）模式改革。PPP是“Public – Private – Partnership”的缩写，中文为“公私合作伙伴关系”，一般可称为“公私合营”。从我国实践看，用“公私合营”概念与现实不符，因为许多企业很难用“公”或“私”来界定。我国推出政府与社会资本合作，作为一项改革，旨在更有效地动员社会资本增加投资，提供优质高效的公共物品或服务，提升项目建设和运行效率，控制政府债务，提高企业投资收益。这里的社会资本包括国有企业、民营企业和混合所有制企业。所以本书题目以“政府与企业合作”替代“公私合营”。

在PPP项目合作实践中违约行为屡屡发生，很多民营企业并不愿意参与这类项目，同时一些地方政府更愿意选择与国有企业合作。最主要的问题就是信用问题。本书之所以选这个题目，是因为试图通过对引起政府与企业合作中的信用风险发生的影响因素和原因的分析，寻找到预防和控制政府与企业信用风险问题的方法，将风险控制在萌芽状态，避免因信用风险发生对合作双方或社会带来损失。

第二节　研究意义

目前，研究PPP项目中的信用风险的文献并不多，而中国政府正在把在全国范围内推行PPP项目作为一项重要的改革举措。在这种背景下，进一步研究政府与企业合作项目中的信用风险问题及其防范有着重要的理论意义和实践意义。

一、理论意义

信用是人们从事各种社会活动的基础。一国的经济发展不仅需要积累大量的物质资本、人力资本和知识，而且需要积累大量信用资本。面对市场发展导致的日益增加的不确定性和交易的复杂性，信用资本已经成为一种越来越重要的“生产要素”。市场分工源于市场主体间的信任，分工产生合作，合作带来效率，这种信任是对合作双方信用的判断，源于主体间对契约的遵守。当前国家推出政府与社会资本合作 PPP 模式，有利于非公经济的发展，有利于提高公共项目服务的有效供给，提升公共服务水平。双方的诚实守信不仅是实现投融资的基础，同时也是资本组织形式及公共资本与社会资本双方在项目管理方面的合作纽带，这不仅影响参与项目的企业的生存与发展，同时也关系到项目所在地的经济发展。因此，信用是 PPP 项目顺利签约和有效实施的前提条件①，是一种对市场主体的约束行为，也是对经济秩序的一种规范，是政府制定经济政策及选择的依据。信用风险的预防不仅仅是对其带来影响损失的削减、规避问题，而是将其限定在法律制度框架下，从根本上预防信用风险的发生。研究政府与企业在 PPP 项目中信用风险防范问题对于促进我国基础设施建设的完善以及改进公共服务供给效率，促使合作项目的顺利进行具有充实理论基础、提供理论指导的作用和意义。

二、实践意义

政府与企业合作项目是一项复杂的系统工程，不但建设周期长，而且牵涉面广。在 PPP 项目中，政府和企业在相互信任的基础上发挥各自的职能，提高 PPP 项目框架内公共物品供给能力与效率，最终实现企业与政府的合作共赢。企业主要追求的是经济效益以及市场中的商誉。政府因自身职能特点，追求的不仅是社会效益（公众利益），还有自身政治利益，这种政治利益体现于公众的支持，政府只有满足公众的利益之后才能实现政治利益。一个具有良好信誉的政府能赢得人民的支持与信任，政府与企业合作在提供公共物品满足公众利益的同时，也实现了政治利益，这种政治利益是指公众对政党的支持。

实践中，由于适用于 PPP 的相关政策制度不完善，在以往签约的 PPP 项目中，无论是政府方还是社会资本方都存在不按合同约定履行责任和义务，或者由于种种原因导致某一方无法履行合同约定的违约风险案例，这种因违约带来的信用风险最终导致政府对企业、企业对政府、公众对政府、公众对企业等之间的信任危机，影响合作，带来项目相关方的利益损失，如果不对这种问题加以预防和控制，最终将影响市场效率，阻碍经济

① 梁冬玲．PPP 模式建设项目隐性风险研究［D］．哈尔滨：东北林业大学，2014.

发展。

在中国PPP不仅是一种融资手段，更是政府与社会资本合作的一种管理模式。采用PPP模式不仅可以提高项目的运行效率和服务质量，同时将先进的管理理念和治理结构引入项目运营管理过程中；通过适度的竞争，促进市场透明度；缓解政府的财政压力，提高资金的使用效率；通过政府和企业双方的合作互利模式，发挥各自的职能优势；实现风险的转移和合理分担；促进政府职能转变，推进政治体制和经济体制改革。考虑到我国正处在经济结构调整与改革进程中，一些市场配套制度和机制还不完善，预防和控制PPP信用风险发生是PPP相关机制有效运行的基础条件，对政府与企业参与PPP项目具有现实指导意义。

第三节　研究现状

本书所选论题主要涉及一般信用风险研究、有关PPP项目的信用风险研究，以及防范PPP信用风险的对策和机制研究。本节主要分析介绍这三个方面的研究现状。

一、信用风险研究

契约经济学认为交易过程中存在着信息不对称，而这恰好是投机的机会主义行为的前提①。制定契约合同的正式、规范的样本，目的在于彼此约束行为，弥补不完全的信任，减弱信息的不对称。有保障的信用关系是契约得以履行的必要保障。

经济行为中的信用问题归根到底就是契约关系问题，所以，信用关系即表现为契约合同关系，违约和失信就是市场经济背景下的信用风险的本质②。如何签订和履行契约，增进信任，在动态中寻求风险与控制，需要我们更好地分析“信任—风险—控制—项目绩效”之间的关系③。

风险指的是“某些可能对目标产生影响的或然事件”（SAA，1998），信用风险研究始于违约风险，而违约风险研究始于破产预测。金融机构主要是通过评估信贷违约损失的概率来衡量企业是否存在违约风险，由于信

① Werin, Lars, Hans Wijkander. Contract Economics [M]. Blackwmell Publishers, 1992.

② Arrow, K. J. Essays in the Theory of Risk - Bearing [J]. Journal of Finance, 1972.

③ Laan, Albertus. Building trust: The case of the construction industry [M]. Enschede: University of Twente, 2008.

息资料的收集和变量的设计不同，违约风险的评价方法也不相同。早期的研究往往将违约风险视为由财务因素驱动的，比如 Beaver（1966）[①]，Altman（1968）[②]，Chen[③] 和 Altman（1995）[④]，Altman（2005）[⑤] 等，这些研究往往从企业财务指标的角度来分析企业的信用风险问题。后来许多学者又从企业特征、产业属性、区域因素等方面分析了违约风险（Ohlson，1980[⑥]；Hillegeist，2002；Hayden，2003）。Saunders（1999）的研究指出，对于企业是否违约的评估，有些是以可在公开市场上获得的公开信息为评估基础，有的则是以非公开信息为评估基础，这种信息往往局限于企业内部，信息类型不同，评估的结果也往往存在重大差异。Merton（1974）[⑦] 将企业的违约风险和企业资产价值联系起来，应用 Black – Scholes 的期权定价理论，开创性地指出，企业资产价值的变动将决定企业的违约风险，关于企业资产价值的相关信息可以从金融市场上收集。

因此，思考企业的违约风险的影响因素，评估各种影响信用风险的信息，需要从不同角度来进行。比如单纯从财务指标来评估违约风险的方式存在着严重的假设问题，这些研究往往假定财务比率服从正态分布，但企业的实际运行却经常违反这一假设，尤其是对于那些失败的企业来说更是如此（Back 等，2003）[⑧]。

因此，评估违约风险必须考虑除企业之外的各种因素的影响，比如，宏观经济周期性波动不仅是影响各个经济主体的重要因素，一国宏观经济

---

① Beaver, W. H. Financial ratios as predictors of failure [J]. Journal of accounting research, 1966: 71 – 111.

② Altman, E. I. Financial ratios, discriminant analysis and the prediction of corporate bankruptcy [J]. The Journal of Finance, 1968, 23 (4): 589 – 609.

③ Chen, Y., Weston J., Altman, E. Financial Distress and Restructuring Models [J]. Financial Management, 1995, 24: 57 – 75.

④ Altman, E. I. Predicting financial distress of companies: revisiting the Z – score and ZETA models [M]. Stern School of Business, New York University, 2000: 9 – 12.

⑤ Altman, E. I., Brady B, Resti A, et al. The link between default and recovery rates: Theory, empirical evidence, and implications [J]. Journal of Business Chicago, 2005, 78 (6): 2203.

⑥ Ohlson, J. A. Financial ratios and the probabilistic prediction of bankruptcy [J]. Journal of accounting research, 1980: 109 – 131.

⑦ Merton, R. C. On the pricing of corporate debt: The risk structure of interest rates [J]. The Journal of Finance, 1974, 29 (2): 449 – 470.

⑧ Back, B., Laitinen, T, Sere, K. van Wezel, M. Choosing bankruptcy predictors using discriminant Australian market [M]. University of Vienna, 2003.

波动甚至会影响到其他国家。Fama（1986）[①] 和 Wilson（1997）的研究表明，违约概率与经济周期有密切关系，当经济衰退时违约概率显著增加；Ferri 等（2001）[②] 的研究发现，评级机构同样根据经济周期波动的情况调整信用评级。

二、政府与企业合作信用风险研究

PPP 项目运行时间较长、涉及主体较多等特点决定了政府和企业在合作的过程中面临着各种不确定性和风险，针对这些风险，国内外已经存在大量研究文献，下面将对这些文献进行简单的梳理。PPP 在中国的发展时间尚短，经营管理经验还有待积累，同时在政府与私人资本合作的过程中还存在着利益和目标的冲突，因此 PPP 的信用风险相比企业与企业、企业与金融机构之间的信用风险更为复杂，双方都有违约的可能和动机。

对 PPP 一般风险的研究多集中在风险分配与转移等对风险损失如何降低。PPP 风险分担的主体是政府和私营部门。PPP 发展的核心原则之一是“物有所值”（DTF，2000），而这主要源于 PPP 模式具有的风险转移机制，也就是说风险从政府传递给私营部门，因为在通常情况下，私营部门可以更好地应对这些风险（Hayford，2006）[③]。然而，PPP 项目各种安排的复杂性以及契约的不完全性将导致合作双方的风险暴露都会增加（Woodward，1995）。

政府和企业合作必须以一定的法律法规作为制度基础，若政府对 PPP 相关法律法规进行重新解释或者修订，将对 PPP 项目产生广泛影响，比如市场需求的变化以及产品或服务价格的变化，甚至 PPP 合同可能会由于法律的调整而失效，这是导致 PPP 项目失败的主要风险因素之一（亓霞等，2009）[④]。

对于 PPP 项目来说，很重要的一点就是政府必须认识到，保留风险和

① Fama, E. F. Term premiums and default premiums in money markets [J]. Journal of Financial Economics, 1986, 17 (1): 175 - 196.

② Ferri, G., Liu, L. G., Majnoni, G. The role of rating agency assessments in less developed countries: Impact of the proposed Basel guidelines [J]. Journal of Banking & Finance, 2001, 25 (1): 115 - 148.

③ Hayford, O. Successfully allocating risk and negotiating a PPP Contract. Proceedings of the 6th Annual National Public Private Partnerships Summit: Which Way Now for Australia's PPP Market, 2006.

④ 亓霞，柯永建，王守清．基于案例的中国 PPP 项目的主要风险因素分析［J］．中国软科学，2009（5）：107 - 113.

不恰当地转移风险都是次优选择（Arndt，1998）[①]，因为将某些风险转移给私营部门是需要付出代价的（Hayford，2006），而风险的不恰当分配可能导致更高的代价（Thomas，2003）[②]。不合理的风险分配还会损害“物有所值”原则，因为在整个运营时期的项目成本高度依赖于风险分配的状况（DFA，2005）。如果风险不恰当地被政府部门承担，那么政府可能提高税收，或者减少公共服务的供给，以此来支付风险成本。相反，如果私营部门承担了不合理的风险，那么企业将会对政府提出更高的补贴要求，或者直接让最终用户承担成本（Thompson 和 Perry，1992）。

在某些情况下，风险不是分配给最有能力应对风险的主体，而是让最无力拒绝承担风险的主体来承担，尤其是在政府要维持一种最大强度的竞争程度（maximum competitive tension）的情况下，风险往往是由谈判能力较弱的一方承担（Thomas 等，2003）[③]。以澳大利亚为例，PPP 被视为一种使得政府可以规避所有风险的手段，对于私营部门来说，只能被动承担风险，初始的风险分配完全转移给私营部门（DTF，2000）。但是，改变也在发生，PPP 合作双方都在进行努力，通过分析哪种风险是政府应该承担的、哪种应该转移而实现最优的风险分配（DFA，2005）。

PPP 的风险分配可能更适合在交易成本经济学的视角下进行分析，因为任何可以转化为契约问题的议题都可以用交易成本的节约来分析（Williamson，1985）。PPP 具有的特性，比如契约的不完全性、长期的合作关系、大量的投资、复杂的不确定性等，使得 PPP 项目可以在交易成本框架下进行分析（Jin 和 Doloi，2007）[④]。

对 PPP 项目风险分担的研究往往针对某个具体项目进行分析。比如，

---

① Arndt, R. Optimum risk transfer in build – own – operate – transfer projects: the challenge for governments, 1998.

② Thomas, A. V., Kalidindi, S. N. and Ananthanarayanan, K.. Risk perception analysis of BOT road project participants in India [J]. Construction Management and Economics, 2003, 21 (4): 393 – 407.

③ Thomas, A. V., Kalidindi, S. N. and Ananthanarayanan, K.. Risk perception analysis of BOT road project participants in India [J]. Construction Management and Economics, 2003, 21 (4): 393 – 407.

④ Jin, X. H. and Doloi, H. K. A theoretical framework for optimizing risk allocation and management in public – private partnership projects, in Xie, Y. – M. and Patnaikuni, I. (eds). The Fourth International Structural Engineering and Construction Conference (ISEC – 4): Innovations in Structural Engineering and Construction, Park Hyatt Melbourne, Australia, 26 – 28 September, 2007, Vol. 2, Taylor & Francis Group, London, p. 1495.

王建波等（2011）[①] 考察了城市轨道交通 PPP 融资模式中的风险分担机制，和军和吕京京（2014）考察了水务公私合作中的风险分担问题，李永强和苏振民（2005）[②] 用博弈论方法对 PPP 项目的风险分担进行了分析。

事前的逆向选择和事后的道德风险是信息不对称的两种表现形式。其中，事前的逆向选择主要发生在 PPP 项目的招投标过程中，尤其是在资格预审阶段，其通常是由于合约方隐藏知识引起的，一般可以通过优化交易双方的“信号传递”模型来解决这一问题；事后的道德风险主要发生在 PPP 项目双方依据合同的交互行为以及这些行为发生时所处的客观情境中，其通常是由于合约方隐藏知识或行动引起的，一般可以通过合同降低对代理人的激励成本来解决这一问题。

根据交易阶段的不同，PPP 模式中的信任又可以分为初始信任和持续性信任。其中，初始信任是指在交易的准备阶段，交易双方通过对彼此的固有特征进行判断而形成的静态信任，初始信任是交易双方进行后续发展与合作的前提；持续性信任是指在交易的过程中，交易双方通过彼此之间因签订或执行合同而发生的交互行为以及这些行为发生时所处的客观情境，从而不断更新对彼此的预期而形成的动态演化的信任[③]。公共部门试图从根本上创新公共服务提供方式或引入新的服务，但它缺乏相应的知识或专业知识，以预期的影响、创新的设计/程序/技术的操作成本操作时，应谨慎[④]。

信用风险主要是指在 PPP 模式中，政府与社会资本的履约意愿、能力以及其信用保证结构的效用。信用风险包括政府信用风险和社会资本投资人的信用风险两个方面，其中，政府信用风险是在短期利益的驱使下，某些地方政府试图通过较长的特许经营期、较高的收费标准以及较诱人的固定资产投资回报率来吸引民营资本，从而提升政绩，但却因公共机构缺乏相应的承受能力而产生的信用风险，因此，政府信用风险被视为主要的信用风险。

总体来看，中国对于 PPP 模式的研究还处于理论引进阶段，许多研究

① 王建波，刘宪宁，赵辉，等．城市轨道交通 PPP 融资模式风险分担机制研究［J］．青岛理工大学学报，2011（32）：95－100.

② 李永强，苏振民．PPP 项目风险分担的博弈分析［J］．基建优化，2005（26）：16－18.

③ 杜亚灵，王垚．PPP 项目中信任的动态演化研究［J］．建筑经济，2012（8）：28－33.

④ Li，B.，Akintoye，A.，Edwards，P. J.，Hardcastle，C. The allocation of risk in PPP/PFI construction projects in the UK［J］．International Journal of Project Management，2005.

仅仅是对国外理论和 PPP 实践的简单探讨。针对 PPP 项目风险的研究主要是集中在项目自身风险、融资风险、风险分担等问题上，对于 PPP 项目参与双方的信用风险的研究则比较少见。

三、政府与企业合作信用风险防范研究

与传统的公共物品提供方式相比，PPP 模式面临着更多的风险因素，这是由 PPP 项目的负责性决定的。Ke 等（2010）① 的研究表明，风险管理，包括风险识别、风险评估、风险分配、融资风险、政治风险、市场风险等一直是有关 PPP 研究的焦点之一。Khasnabis 等（2010）强调，对于 PPP 风险和不确定性的研究应该成为未来研究的重点领域。

Unkovski 和 Pienaar（2009）② 考察了 PPP 的风险管理问题，他们的研究指出，虽然 PPP 项目伴随着许多风险，但是南非地区的实践表明，与政府融资、进行项目建设相比，PPP 仍然具有明显优势，这主要是由于 PPP 的成本较低，同时易于管理。Unkovski 和 Pienaar 指出了 PPP 模式中的三种主要风险，分别是技术风险、金融风险和法律风险。

与 Unkovski 和 Pienaar 不同，Chen 和 Shi（2009）③ 采用另一种视角来分析 PPP 项目的风险，他们将 PPP 风险分为两类：系统性风险和非系统性风险，系统性风险指的是由外部因素导致的 PPP 经营主体难以控制的风险，包括政治风险、法律风险、金融风险等，非系统性风险指的是与项目建设和运营相关的风险，包括项目完成风险（completion risk）、运营风险和市场风险。

范小军（2004）④ 对大型基础设施项目的融资风险进行了研究，构建了一个动态模糊综合评判模型，主要做法是对大量专家的定性经验进行定量化处理，经过数学运算，为基础设施项目融资的投资方提供一种风险评

---

① Ke, Y. J., Wang, S. Q., Chan, A. P. C. Risk allocation in public – private partnership infrastructure projects: a comparative study [J]. Journal of Infrastructure Systems, ASCE, 2010, 16 (4): 343 – 351.

② Unkovski, I. and Pienaar, E. Public private partnerships in South Africa: analysis and management of risks. Proceedings of the Construction and Building Research Conference of the Royal Institute of Chartered Surveyors (CORBRA, 2009). University of Cape Town, 2009: 10 – 11.

③ Chen, M. and Shi, X. J. Risk allocation of public – private partnerships in public stadium construction projects. Proceedings of CRIOCM 2009 International Symposium on Advancement of Construction Management and Real Estate, 2009, 3: 1338 – 1342, 29 – 31.

④ 范小军. 大型基础项目融资风险的动态模糊评价 [J]. 上海交通大学学报, 2004 (3): 450 – 454.

价方法。何寿奎（2007）[①] 指出，如果在PPP项目的融资中政府部门占有较大的比例，则应当承担相应的财务风险，同时政府要建立起有效的监督和激励机制对代理人进行监督。周高平和周直（2006）[②] 以灰色系统理论为基础，构建了一个项目投资风险灰色预测模型，该模型可以用来对基础设施项目实施阶段的投资风险进行预测，为投资风险提供一种预警信号。柯永建等（2008）[③] 的研究指出，在PPP模式中，政府应该主要通过权利与义务的清晰界定来承担相应的风险，也就是说，通过合同条款来确定风险分担的义务。余超文（2012）指出，政府信用风险的防范除了要建立合理的防范机制外，还需要政府逐渐树立一套正确的理念体系以及良好的外部环境作为重要支撑。必须重视行政文化建设，逐渐具备契约意识。契约责任意识是现代行政的底线伦理和核心内容，包含着责任、服务、民主和公平的价值理念，直接体现了政府工作人员的信用观念[④]。

赖丹馨（2011）把合约不完全作为PPP政府信用风险产生的根源。为了更好地管理政府信用风险，可以从微观和宏观两方面采取措施。从微观方面来说，应当通过适当的机制对政府不良的激励扭曲进行约束，并统一政府和民营机构的利益；从宏观方面来说，应当建立适当的制度，并在此基础上减轻合约不完全的程度[⑤]。

国内学者王守清对PPP项目风险研究较多，对于不同的风险可能采取不同的风险管理措施，或风险回避，或风险转移，或风险分担，或风险自留，或风险减轻。

对PPP信用风险的研究多集中在金融领域的信贷风险上，对于PPP项目运营中的信用风险，多集中在系统性风险与非系统性风险上。有关违约的信用风险在很多文献中只是作为信用风险中的一个关键点提出，且多从贷款的偿付能力和意愿的角度进行研究，预防和控制这种信用风险的行为结果带来的影响。采取的手段，多是从损失减小、风险规避或转移，例如，在银行的征信管理研究中，对贷款人的信用评级是建立在对其失信行

---

① 何寿奎．城市基础设施PPP建设模式挑战与对策［J］．生产力研究，2007（8）：65－67.

② 周高平，周直．基础设施项目投资风险灰色预测模型研究［J］．中南公路工程，2006（6）：145－149.

③ 柯永建，王守清，陈炳泉．基础设施PPP项目的风险分担［J］．建筑经济，2008（4）：31－36.

④ 余超文．政府信用风险及其治理机制［J］．云南行政学院学报，2012（6）：17－20.

⑤ 赖丹馨．基于合约理论的公私合作制（PPP）研究［D］．上海：上海交通大学，2011：112.

为结果的分析和判断上，为避免最终损失的发生，将信用评级差的企业和个人排除在服务对象范围之外。这种预防和控制的结果无法从根本上转变相关市场主体的违约行为和意愿。本书对 PPP 项目中的政府和企业的履约行为的信用风险研究限定在法律和制度框架内，分析信用风险产生的机理，从法律制度、契约精神、合同规范以及 PPP 项目合作内部的控制和管理角度预防违约行为的发生，将违约的信用风险行为限定在法律制度框架内，从源头上预防违约行为结果带来的影响。这些研究是对现有 PPP 信用风险研究的补充与不断完善。

由于“伙伴关系”是 PPP 模式的重要特征，涉及所谓的“主体间性”（哈贝马斯，2004）①，因此，其首要的风险是信用风险。一般来说，不同的风险有不同的风险归属和应对办法，本书仅探讨最基本的信用风险防范。

（1）政府本身应防止失信

政府信用风险是指由于政府拒绝履行或不履行合约规定的责任与义务，从而给项目造成的直接或间接影响。政府信用风险是导致我国 PPP 项目失败的最主要原因②。为了防止发生政府信用风险，政府应当依法行政，不断增强自身的契约意识和法律意识。认真做好项目前期的论证工作，一方面要对传统的项目进行评估和论证；另一方面要积极借鉴“物有所值”（Value for Money，VFM）的评价方法和理念。从社会经济效益需求的角度来看，通过将定量与定性评价方法相结合，物有所值法为 PPP 项目的建设和运营提供了一种科学的论证途径。在许多国家，VFM 所使用的评估是公共部门作为决策工具帮助比较项目采购选项和由此产生的决策支持。评估方法可以不同，反映了政府政策、行政流程和意见的方法。

（2）社会资本应做好对政府的调研

认真考虑社会资本方在 PPP 项目中的诉求（关注点）。仔细考察当地的法律环境、政府效率、人文素质、政府的财政实力、城市基础设施、消费水平以及对民营企业的支持力度等，从而为投资环境的评估提供充分的依据③。重点关注商业模式和项目运营的可行性，依靠双方签订的合约来防控风险，避免因片面追求高额的投资回报或过度依赖某个领导的个人关

---

① 哈贝马斯·尤尔根．交往行为理论［M］．上海：上海人民出版社，2004.

② 亓霞，柯永建，王守清．基于案例的中国 PPP 项目的主要风险因素分析［J］．中国软科学，2009（5）：107－113.

③ Asian Development Bank. Handbook of PPPES［M］. Manila，ADB，2007.

系以及不切实际的承诺，导致各方责任约定不够清晰或合同法律文件不完备，从而造成难以防范的政府信用风险。由于社会资本的股权比例小，缺乏话语权和决策权，在合作中处于绝对弱势，导致其参与PPP项目合作的积极性越来越低。

（3）政府要全面评估社会资本方

为了减少风险，法律和经济框架需要不断改进。PPP模式的成功依赖于一个稳定的政治环境。在国家和地方层面，制度框架正在迅速改变或仍不成熟。与此同时，这些变化的透明方式给社会资本方带来极大的影响①。

不同的合作伙伴的企业规模、资源拥有量、信用等级以及参与目的也不尽相同，因而使得公私合作双方之间存在一定的信息不对称。在不完全信息下，如何选择最为合适的合作伙伴，才能使得各合作伙伴的资源达到协同和最佳整合，是确保PPP项目顺利运作的关键问题之一。从政府的角度出发，选择合作伙伴时需要遵循一定的原则，才能保证合作关系的持久和顺利。

公私合伙制方案是基于联合决策的框架而不是委托代理关系，解决方案应该选择的不仅仅是政府，而是公共部门和私营部门双方。不同于传统合同或安排，两个当事人之间的合作需要一个适当的机制来确保长期的公共利益，风险可以共享②。在这方面，Carroll和Steane（2000）③指出合作事业，依靠协议确认其经济目标和社会目标为目的的参与者角色之间会产生一些积极的结果。因此，他们认为PPP模式是一种公共部门和私营部门之间的交互和协作。

政府在选择社会资本投资人时，应把握以下三个原则：首先，政府应在公平、公正、公开和以公共利益优先的基础上，充分发挥咨询公司、会计师和行业协会的作用，以杜绝腐败导致的企业信用风险。其次，政府应在客观评估社会资本投资人的资金来源与融资能力的基础上，选择投资金额最小且最符合项目要求的企业作为合作伙伴。最后，政府应在参照项目性质的基础上，充分了解外资企业、民营企业和国有企业等社会资本投资

① Liu, Zhiyong, Yamamoto AMAMOTO. Public – Private Partnerships (PPPs) in China: Present Conditions, Trends, and Future Challenges [M]. Interdisciplinary Information Sciences, 2009.

② Teisman, Geert, R., and Klijn, Erik – Hans. Partnership arrangements: governmental rhetoric or governance scheme [M]. Public Administration Review, 2002.

③ Carroll, Peter, and Peter Steane. Public – private partnerships: Sectoral Perspective, [A] //in Osborne, Stephen. P. (ed.), Public – Private Partnerships: Theory and Practice in International Perspective, London: Routledge, 2000.

人的优劣势，以便为 PPP 项目选择适当的社会资本投资人。

第四节 基本概念界定

本书所涉及的基本概念包括信用、信用风险和 PPP 模式。本书的展开分析以这些基本概念为基础。

一、信用

对信用的理解，有狭义与广义之分。狭义的信用是社会产品和资金分配与交换的特定形式，是以偿还和付息为基本特征的借贷行为，主要在金融领域广泛应用。在金融学上，将信用定义为以偿还为条件的价值运动的特殊形式，以借贷的方式实现货币与商品的交易，是建立在信任的基础上不用立即付现就可以获取资金、货物等的能力。中国人民银行将信用定义为“在交易的某一方承诺未来偿还的基础上，交易的另一方为其提供服务或商品的行为，是随着货币运动和商品运动产生时空分离，货币流转和商品流转相分离时产生的。信用既是社会经济主体的一种能力体现，也是一种理性行为”（中国人民银行征信中心，2014）①。

广义的信用是指经济与社会活动的行为人之间形成的以诚实守信为信誉基础的履约行为，是一切社会活动和经济活动的基础，从社会学的角度解释，信用是一种社会关系，在市场中，信用体现的是市场主体间的经济关系。从伦理学的角度解释，信用是指参与社会活动的主体间“诚实守信”“遵守诺言”的履约行为，是一切社会活动的基础。从理论上来说，信用是经济社会稳定和成熟的标志；是实现经济虚拟化和金融化，从而有效配置市场资源的标志；是降低交易成本，从而促使贸易不断向广度和深度发展的基础；是社会化分工与协作以及形成市场经济的关键。本书研究的信用综合了经济学、社会学、伦理学关于信用特征的描述，是广义的概念，是指 PPP 模式中政府与社会资本方在契约基础上的有关履约行为的信用。体现了 PPP 项目合作主体间的经济关系，既包括履约的能力，也包括政府与企业的履约愿望。

① http：//www. pbccrc. org. cn/zxzx/zxzs/201401/a01d28731de24b1192402cd7889e11a3. shtml。

二、信用风险

一种观点认为，信用风险指的是由于主观或者客观原因，交易双方中的某一方不能履行双方事先签订的契约的风险，比如债务人由于经营不善而不能如期偿还债务，从而给债权人带来的风险。另一种观点认为，信用风险可以分为狭义的信用风险与广义的信用风险两类。狭义的信用风险主要是指银行与借款人之间产生的信贷风险。广义的信用风险指的是任何签订经济合约的行为主体面临的对方不履约的风险，比如拒付货款、不提供服务、不偿还借款等，这些因交易对方不履约行为导致一方受损的都可以称为信用风险。一般来说，市场上通常所说的信用风险都是指广义的信息风险，表现为项目主体的不作为和无法作为的风险，这种信用风险将会带来结果的不确定。基于合约签订的违约风险，包括政府或企业不按合同标准履行责任、义务，或者无法按照合同标准履行职责、义务的违约风险，即履约能力无法有效发挥，或丧失履约能力，以及由于履约意愿发生变化导致的违约风险。由于信用风险是政府与企业合作过程中面临的主要风险，因此对信用风险的预防控制和管理是 PPP 项目成功的关键，应完善行业政策法规、监管机制，最终目标是形成良好的社会信用环境。

三、政府与企业合作模式

随着市场化程度的加深，催生了多样化的 PPP 模式，政府和企业在合作前期，依据参与者的技术、管理和资金实力以及自身的特征等，确定适当的合作模式并对其进行优化调整。通常认为，PPP 可以表现为多种形式，其中主要有 BOT、BOO、BOOT、BT、TOT 等形式。只有通过对 PPP 各种表现形式的多维比较，才能全面理解 PPP 的内涵。本书以 PPP 是特许经营类项目为研究对象，具体涉及“建设—运营—移交”（BOT）。PPP 项目多采用政府和企业所组成的特殊目的公司（Special Purpose Vehicle，SPV），即项目公司对项目进行建设、运营和管理。

（1）PPP 的概念

表 1-1 不同组织或机构对 PPP 的定义

组织或机构	定义
联合国发展计划署	指政府、营利性或非营利性组织基于特定项目形成的相互合作关系，其参与各方共同承担责任和融资风险，而不是简单地由民营企业承担全部责任，从而使得合作各方都达到比预期单独行动更有利的结果
联合国培训研究院	包含不同社会体系支持者之间的全部制度化合作方式，目标是解决区域内的某些社会问题。为了满足公共物品的需要，一方面，通过建立伙伴关系，私营部门与公共部门合作实施公共项目；另一方面，建立公共与私人倡导者之间的各种合作关系
亚洲开发银行	私营部门与公共部门在公共基础设施和公共服务设施方面形成的一系列合作关系，其特征有：提高效率与服务水平、共担风险、公私长期合作、运营提供服务、私营部门出资、政府授权、规制和监管
世界银行学院	为了提供公共服务与设施，政府部门与私营部门达成的长期合作关系，其中，私营部门承担了较大的管理职责和风险
欧盟委员会	公共部门与私营部门发挥各自的优势，提供传统上由公共部门单独负责的公共服务与项目，以便共同承担责任和风险的一种合作关系。其可分为传统承包项目、开发经营项目和合作开发项目
美国 PPP 国家委员会	一个公共部门主体与一个私人营利主体之间的契约安排，在合作中资源和风险在双方主体间分担，其最终目的是提供某种公共服务或基础设施
加拿大 PPP 国家委员会	私营部门与公共部门根据经验形成的一种合作关系，并通过利益共享、风险共担和资源共出来满足公众的需求。可以分为 DB、O&M、DBFO、BOO、BBO、BOOT、BTO 等模式

资料来源：根据文献资料整理。

PPP 模式的英文全称为 Public-Private-Partnership，是公私合作的简称。不同国家与机构对 PPP 的定义不同，目前，并没有一个得到普遍公认的 PPP 定义。美国 PPP 国家委员会（National Council for Public Private Partnership of the USA）给出的定义为，一个公共部门主体与一个私人营利主体之间的契约安排，在合作中资源和风险在双方主体间分担，其最终目标是提供某种基础设施和公共服务；加拿大 PPP 国家委员会（Canadian Council for Public Private Partnership）将 PPP 定义为在公共部门与私营部门之间成立的一个合营企业，发挥双方各自的特长，通过将资源、风险和收益进行合理的分配，对特定的公共需求实现最优供给（CCPPP，1998）；

我国财政部于2014年9月23日出台《关于推广运用政府和社会资本合作模式有关问题的通知》（财金〔2014〕76号），确立了PPP模式是社会资本与政府在公共服务领域或基础设施的建设领域形成的一种长久合作模式。其一般是由政府部门负责公共服务或基础设施的价格制定和质量监督，而社会资本负责承担公共服务或基础设施的设计、建设、运营、维护工作，以保证公共利益的最大化。PPP是公共部门与私营部门在提供公共基础设施服务过程中的合作关系。以绩效为基础，实行风险共担原则。如成本超支、设施设备运行失灵、用户收益低于预期、融资成本过高或融资难度高于预期等项目风险由最适宜承担风险以及能够将风险损失控制在最小范围内的一方承担。根据政府与企业签订的合作协议，公共基础设施的建设、运营和管理的责任主要由企业来承担，政府不直接向公众提供公共服务，而是主要承担监督职能。

（2）BOT的概念

BOT（Build－Operation－Transfer）包括建设、运营和移交，具体是指根据双方签署的特许经营协议，政府部门将项目交由私营部门设立的项目公司进行建设、运营和维护，特许经营期满后再将项目移交给政府部门的模式。BOT模式主要有三个特征：首先，项目公司或投资者只拥有项目的经营权而非所有权。其次，投资者一般需要投入30%以上的资金作为项目资本金。最后，由于自负盈亏，因此，投资者必须对项目进行详细的调研和评估。一般来说，BOT模式适用于机场、铁路、高速公路、供水等项目。

（3）PPP的类型

PPP有很多种类，亚洲开发银行将其主要归纳为以下四种：1）服务合同，主要用于提供基础服务，如提供资产的维护或操作某种设备的技术团队。与简单的外包不同，私营合作伙伴的收益是以绩效为基础的。同时，公共部门是资产所有者、运营者和投资者。这类合同通常期限长达五年。2）管理合同，此类中通常由私营部门负责公共资产的运营。资产的所有权归属于公共部门，同时公共部门负责资产投资。私营部门基于绩效获得管理费用，并且在某些情况下获得利润分成的激励。典型的管理合同期限介于5年至15年。3）租赁合同，此类合同中，私营部门全权负责提供公共服务。公共部门拥有相关资产的所有权，将资产出租给私营部门以获得租赁费。私营部门通常通过向使用者收取费用的形式获得利润，承担收益低于预期的风险，并在租赁期间进行必要的至少是小额的投资。“转让—拥有—运营”机制是租赁合同的一种。典型的租赁合同期限介于10年至30年。4）特许经营合同，私营部门拥有并运营相关资产，同时进行所有必要的投资。私营部门通过向使用者收费的方式获得收益，并且承担亏损风险以及所有技术上和运营上的风险。“建设—运营—转让”是特许经营合同的一种。典型的特许经营合同期限介于15年至50年。

（4）PPP的特征

2012年亚洲开发银行PPP运作规划中PPP运作涉及的四个环节包括：1）提倡PPP模式及培养相关能力。建立对PPP的认识，鼓励领导带头，鉴别可能的PPP项目，培养项目相关能力。2）创建有利环境。帮助形成政策、法律法规及机构框架。3）项目发展。提供专业支持、技术支持、交易筹资成本咨询及采购支持。4）项目融资。提供适合的财务支持，如担保、股权、借贷、可行性缺口基金。

在中国PPP不仅是一种融资手段，更是政府与社会资本合作的一种管理模式。采用PPP模式不仅可以提高项目的运行效率和服务质量，同时将先进的管理理念和治理结构引入项目运营管理过程中；通过适度的竞争，促进市场透明度；缓解政府的财政压力，提高资金的使用效率；通过政府和企业双方的合作互利模式，发挥各自的职能优势；实现风险的转移和合理分担；促进政府职能转变，推进政治体制和经济体制改革。

表1-2 PPP与BOT的特征比较

比较点	PPP	BOT
概念外延	宽泛	实质是PPP的一种实现形式
合作关系	政府与企业多表现为水平关系：合作	政府与企业多表现为垂直关系：授权
应用范围	政府和企业共同分担风险以获得所期望公共物品和服务的各种公共领域	主要在基础设施、公用社会事业项目
设施类型	可以是群体或网络化项目	较多应用于单体建设
支付方式	较多地通过财政预算支付方式	较多地通过用户支付方式

资料来源：根据文献资料整理。

（5）PFI模式

PFI（Private Finance Initiative）是由英国政府于1992年提出的一种公共项目投资、建设和运营管理模式，后来在西方发达国家得到了广泛的使用，其英文原意为“私人融资活动”，在我国通常译为“民间主动融资”。PPP比人们熟悉的BOT范围更为广泛，除了基础设施、公用事业、自然资源开发外，还包括公共服务产品（如医院、学校、剧院、体育馆、监狱）等的民营化。PFI 是对 BOT 项目融资的优化，具体来说，是指政府部门根据经济社会发展对基础设施的需求规划需要建设的项目，然后，通过公开招投标选择合适的私营部门进行建设和运营，私营部门在特许经营期结束后将项目转交给政府，在此过程中，私营部门通过从接受服务的一方或政府部门收取适当的费用来回收成本并盈利的融资方式。

表 1-3　PPP 与 PFI 的特征比较

比较点	PPP	PFI
政府角色	政府直接参与项目	政府不直接参与项目
项目发起	可以是政府，也可以是私人投资者	通常由政府发起
组织结构	政府与 SPV 之间以特许权合同建立契约关系，SPV 合营实体除了私营部门，也可能由公共部门构成	政府通过政府采购方式与 SPV 签订长期服务合同来建立契约关系，政府与 SPV 保持相互独立
运行程序	政府与私营部门之间的合作相对多样，也较易变通	通常在契约关系确定前，政府审批程序严格、复杂
应用领域	基于“使用者付费”：较多应用于供水、废水和垃圾处理、交通领域等	基于“服务有效性”：较多应用于教育、卫生等领域

资料来源：根据文献资料整理。

第五节　研究思路与方法

本书结合一些相关的基本理论，总结和分析众多 PPP 项目政府与企业合作过程中的信用风险问题与成因，提出防范这些风险的对策建议。为此，本书采用文献研究法、实证研究法、定量与定性研究相结合的方法进行分析论证。

一、研究思路

第一步，在国内外相关文献资料研究的基础上，综合运用制度经济学、不对称信息理论、动态不一致性理论、博弈论与系统论，对预防和控制 PPP 项目的信用风险问题提出解决思路。

第二步，结合相关理论研究 PPP 信用风险发生机理，选取 100 个“PPP 新政”下发前政府和企业签约项目。结合文献整理、专家访谈（专家来自投资公司、参与 PPP 模式企业、专业咨询机构、政府部门等）、重点案例统计分析等方式，确定信用风险影响因素指标。

第三步，通过调查问卷、专家打分方法对各类定性影响因素的发生概率以及影响程度进行量化打分，得到项目运营建设过程中的定性影响因素的一般水平，作为缺省数据；建立数学模型，运用计量统计方法对各类样本数据指标进行显著性检验，评估参数，定量分析出各类因素的影响程度。

第四步，根据实证检验结果，依据各影响因素的特点进行归责，分析导致各类影响因素发生的直接原因。从政府政策、市场法律制度以及 PPP 项目公司内部控制和管理的角度提出预防和控制信用风险的对策建议。

二、研究方法

本书采用文献研究法、实证研究法、定量与定性研究相结合的方法进行分析论证。

第一，文献研究法。通过对文献梳理、总结，了解 PPP 信用风险相关概念、理论及研究现状，为主题的进一步研究提供理论基础。

第二，实证研究法。对不同环境背景条件下可能造成 PPP 信用风险发生的原因及各类影响因素进行分析和总结，通过对比分析方法总结变量间的关系。

第三，定量与定性研究相结合的方法。从实证分析的角度，运用定量定性相结合的方法分析影响项目成败的各类影响因素，定量分析出功效大小。

第六节　主要内容

在说明了研究思路与方法之后，本书有必要在此说明主要内容，其中包括研究范围和本书结构。

一、研究范围

本书的研究范围包括对一些基本概念的界定以及对项目运行阶段的划分。

概念界定：

（1）样本类别选取：BOT 类项目。PPP 含义宽泛，PPP 项目也没有最佳的固定模式，中国式的 PPP 更强调运营。本书以 PPP 特许经营类项目为研究对象，具体涉及“建设—运营—移交”（BOT），且PPP项目多采用政府和企业所组成的特殊目的公司（Special Purpose Vehicle，SPV），即项目公司对项目进行建设、运营和管理。

（2）PPP中的社会资本方：指企业。包括国有企业与非国有企业。

（3）PPP新政：2014年5月20日国务院《关于深化经济体制改革重点任务意见的通知》提出“建立政府和社会资本合作机制”以后，国务院、国家发展改革委、财政部等制定的各类有关PPP的政策。

（4）信用风险的概念：基于政府和企业签订合同的违约风险，包括政府或企业不按合同标准履行责任、义务，或者无法按照合同标准履行职责、义务的违约风险。即履约能力无法有效发挥，或丧失履约能力，以及由于履约意愿发生变化导致的违约风险。

研究范围：

（1）政府和企业合作项目中的研究阶段：项目执行阶段。根据财政部《关于印发政府和社会资本合作模式操作指南（试行）的通知》（财金〔2014〕113号），PPP项目涉及项目识别、项目准备、项目采购、项目执行、项目移交五个阶段。本书研究的是在项目执行中的建设、运营过程所涉及的政府和企业的违约信用风险问题。

（2）信用风险责任划分思想：在研究政府和企业信用风险归责划分时，参考财金〔2014〕113号文中的规定，以“项目涉及的政策、法律和最低需求等风险由政府承担，项目的设计、建造、运营和维护等风险由社会资本承担，而不可抗力等风险则由政府与社会资本共同承担”为假设依据，假设这种分担方式合理。但是，由于自然灾害等外界不可抗力原因造成的违约风险不作为本书研究的内容。

（3）信用风险研究角度：研究造成违约信用风险发生的直接原因和背后的影响因素，通过对重要影响因素的控制避免信用风险的发生，或起到预警作用。

对PPP信用风险的研究多集中在金融领域的信贷风险。有关违约的信用风险在很多文献中只是作为信用风险中的一个关键点提出，且多从贷款的偿付能力和意愿角度进行研究，预防和控制这种信用风险的行为结果带来的影响。采取的手段，多是损失减小、风险规避或转移等。

（4）信用风险管理阶段：事前预防。信用风险的防范是一个系统性问题，应做到全过程风险管理，包括事前预防、事中控制、事后处理。即在风险发生前预防控制，建立预警机制，避免风险发生；在风险发生时及时采取措施，将风险影响面控制在最小；风险发生后及时处理、补救，将风险损失降到最小。本书从事前预防的角度出发，通过分析风险发生的原因、主要影响因素及影响范围的大小，找出政企合作中造成信用风险发生的主要影响因素和影响程度大的因素。

（5）信用风险防范对策研究角度。从 PPP 项目的外部环境和内控治理角度提出对策建议。本书从 PPP 项目本身出发，研究 PPP 项目自身问题，将造成项目执行主体政府和企业信用风险问题的影响因素，分为外部影响因素和内部影响因素。外部影响因素主要从市场环境，包括政策法规的角度出发进行研究，内部影响因素主要从项目公司内控管理的角度出发进行研究。

二、基本结构

通过对“PPP 新政”前的 BOT 类项目成功和失败的案例进行研究，分析造成政府或企业有意违约或履约行为及履约能力不能有效发挥（信用风险）的原因，并根据项目所处的历史背景及当时的政策制度环境总结规律，结合当前的国家经济政策，市场及行业法规、制度等配套环境条件，提出相应的预防和控制建议，为政府与企业合作项目顺利有效实施提供参考。本书由理论基础、实证分析、对策建议三部分组成。

第一部分为本书的基础理论部分。由第一章、第二章、第三章构成。提出本书研究的前提假设，对相关概念及研究范围进行界定，结合相关理论说明政府与企业在 PPP 项目合作过程中的信用风险发生机理，为下一步分析问题做理论铺垫。

第二部分为经验借鉴及影响因素识别与分析。由第四章、第五章、第六章构成。首先介绍 PPP 项目风险有效预防的国际经验，以“PPP 新政”下发前典型的 BOT 类项目为主要研究对象，选取 100 个案例，包括签约后有纠纷情况发生造成项目履约不顺，或由于各种原因造成一方不能履行合同约定，导致项目无法有效实施，也包括顺利移交和现在正在运营中的项目作为样本。总结造成违约风险的原因，分析造成各类原因的影响因素。通过建立经济学中的选择变量模型，从统计学的角度评估各因素对项目成败的影响是否显著，对于显著的影响因素，通过定量分析得出影响程度大小。这些定量分析结构，一方面可以为政府与社会资本在 PPP 模式选择以及伙伴关系选择中提供决策参考；另一方面，在 PPP 项目建设和运营阶段可起到预警作用。

第三部分为对策建议。由第七章构成。该部分从市场经济法治建设的角度出发，坚持依法治理理念，针对第二部分分析得到的结论，结合当前的市场经济法律制度环境，针对发生频率高影响程度大的违约影响因素提出防范违约的思路建议。

三、主要观点和结论

本书通过建立随机效用模型，运用二元离散选择的方法对各类样本数据指标进行显著性检验，评估参数，定量分析出各类因素的影响程度，得出在政府与企业的项目合作过程中，造成政府或企业履约行为及履约能力不能有效发挥的主要原因。这区别于对政府与企业合作项目风险因素的一般定性分析方法。在实证分析的基础上，根据项目所处的历史背景及当时的政策制度环境总结规律，结合当前的国家经济政策，市场及行业法规、制度等配套环境条件，从规范的角度提出相应的预防和控制建议，包括通过完善市场竞争环境，加强以法制为基础的诚信体系建设，为合约履行的稳定性提供法律保障，建立情势变更适当补偿制度，完善政府与企业合作项目公司内控管理体系，建立信息沟通机制等一系列对策。

本书运用制度经济学、不对称信息理论、动态不一致性理论、博弈论与系统论等经济学理论，分析实践调研结果、具体项目案例，并结合现有的市场环境、政策法规制度，从政府政策、市场法律制度以及 PPP 项目公司内部控制和管理的角度提出预防和控制信用风险的措施和建议。

1. 通过设计激励兼容的制度来影响博弈行为，防范信息不对称理论中所指的道德风险和逆向选择问题。

2. 通过定性与定量相结合的方法系统甄别各种可能的风险影响因素，并得出重要影响因素的影响程度。并通过模型对最终确定的 28 个违约因素的程度结果进行检验，发现模型预测正确率达到 0.844，可以用此模型对未来项目的违约概率进行预测。其中影响程度高于 4 的有 7 项指标，涉及项目审批、政策环境、融资条件、招商条件、运营收益等，其中融资条件变化，主要还是融资成本的提高，增加了项目的投资成本。运营收入被拖欠，影响到企业的投资收益。因此，在 PPP 项目合作过程中，造成政府或企业违约的影响因素主要集中在政策的稳定性、项目审批监管程序以及投资收益有效保障问题上。

3. 从系统论的视角提出市场环境法制化建设、项目的外部监管以及项目内控管理三个层面的防范违约风险的政策建议，试图做到全面预防信用风险的发生。第一，在市场环境法制化建设过程中，主要从完善市场竞争环境、加强以法制为基础的诚信体系建设、为 PPP 合同履行的稳定性提供法律保障、建立情势变更适当补偿制度、建立明晰的产权机制、强化对违约行为的制裁六个方面加以防范。第二，在 PPP 项目的有效监督与管理过程中，主要从建立健全 PPP 项目国家控制体系、平衡地方政府事权与财权配置、发挥中央和地方 PPP 机构的作用、建立严格的监管和绩效评价机制以及建立良好的审计和监督体系和方法五个方面加以预防。第三，在 PPP 项目的内控管理过程中，主要从建立行业内规范统一的合同文本、建立利益共享风险共担机制、建立健全 PPP 项目风险管理体系、培育 PPP 项目公司内控管理体系、建立有效的风险分担和信用约束机制、建立控制活动制度体系、建立信息沟通机制几个方面考虑，最后为风险防范策略提供思路。

第七节　研究特点

本书的特点主要是，部分填补了对 PPP 项目信用风险的研究空白，同时也因数据取得难度较大，在分析上存在一些难度和不足之处。

一、主要特点

（1）通过对政府与企业合作的信用风险进行系统的理论分析，从多学科和跨学科的角度对预防和控制 PPP 项目的信用风险问题提出解决思路。在基础文献资料研究的基础上，综合运用制度经济学、不对称信息理论、动态不一致性理论、博弈论与系统论，结合政企合作的成功和失败项目案例分析，借助专家访谈、问卷调查等方式方法，从多学科及跨学科的角度对政府与企业合作过程中出现的违约影响因素进行定性研判，对其发生的概率和影响程度进行量化打分，并定量分析出每一个因素对项目成败的影响程度，得出项目建设运营过程中造成违约的影响因素。

（2）给出了对政府与企业合作项目影响程度评估指数。建立随机效用模型，运用二元离散选择的方法得到项目的具体影响因素，并定量分析出每一个因素对项目成败的影响程度，区别于对 PPP 项目风险因素的一般定性分析方法。

（3）提出了根据情势变更建立补偿制度等一系列信用风险防范对策及思路。在实证分析的基础上，根据项目所处的历史背景及当时的政策制度环境总结规律，结合当前国家经济政策，市场及行业法规、制度等配套环境条件，从规范的角度提出相应的预防和控制建议，包括通过完善市场竞争环境、加强以法制为基础的诚信体系建设、为合约履行的稳定性提供法律保障、建立情势变更适当补偿制度、完善 PPP 项目公司内控管理体系、建立信息沟通机制等一系列对策。

二、不足之处

PPP 项目的数据可得性存在以下问题：相关数据资料收集不够齐全，样本量偏小，被调查对象还不足以全面反映相关问题，在此基础上得出的结论从统计学的角度上考虑，可能会因为抽样误差的存在导致本该表现显著的违约影响因素呈现出非显著性变化。

第二章　政府与企业合作信用风险研究的理论基础

在完成导论部分之后，本书将聚焦于梳理和总结 PPP 信用风险研究的理论基础。除了一般经济学、金融学和财政学理论之外，本书还特别关注契约经济学与信息经济学理论、制度经济学理论、信息不对称理论、动态不一致性理论、博弈论与系统控制理论。

第一节　契约经济学与信息经济学理论

企业可视为“契约的网络”（德姆塞茨，1999）①，很多契约属于“关系契约”，有着许多未完全规定的条款。很多契约属于委托代理契约，存在信息不对称性问题。而信用风险往往与信息不对称有关。在对中国 PPP 项目运作过程中的信用风险进行研究时，我们对信息不对称理论应该加以特别的关注和运用。所谓信息不对称是指某些参与人拥有但另一些参与人不拥有信息（张维迎，2004）②。这会导致代理人的各种机会主义行为，而监督成本会大于零（德姆塞茨，1999）③。Arrow（1972）④ 最早提出信息不对称理论，即由于投保人和保险人拥有的信息是不同的，他们之间存在着信息不对称的问题，因而使得保险市场难以达到理想的资源配置状态，这是阻碍保险产业发展的主要原因⑤。例如，在医疗保险市场中，身体状况不佳的投保人可能会逐步将身体状况良好的投保人挤出保险市场，从而最终导致医疗保险市场的崩溃。在保险合同中，投保人与保险人都面临信

① 德姆塞茨·哈罗德．所有权、控制与企业［M］．北京：经济科学出版社，1999.

② 张维迎．博弈论与信息经济学［M］．上海：上海人民出版社，2004.

③ 德姆塞茨·哈罗德．所有权、控制与企业［M］．北京：经济科学出版社，1999.

④ Arrow，K. J. Essays in the Theory of Risk－Bearing［J］．Journal of Finance，1972.

⑤ 刘颖．中国机动车保险市场信息不对称的理论分析与实证检验［D］．济南：山东大学，2013.

息不对称的问题，其中，保险人主要面临道德风险和逆向选择的信息不对称问题。这些问题不只存在于保险市场上，由于交易双方的信息不对称，可能产生各种阻碍市场运行的问题，比如代理人问题、道德风险问题、逆向选择问题，这些问题都有可能导致 PPP 项目参与方出现违约行为。在此，有必要阐明信息不对称理论所涉及的委托—代理理论、道德风险问题以及逆向选择问题，作为 PPP 信用风险研究的部分理论基础。

一、委托—代理理论

委托—代理理论的假设前提是，委托人与代理人都是理性人，追求自身利益最大化。但是委托人和代理人的目标函数不总是一致。如果代理人有着与委托人不同的利益，就有可能采取一些能使自身利益最大化而损害委托人利益的行为。因此，委托—代理问题的核心是代理人并不总是以委托人的利益最大化为行为最高准则，其原因恰恰是委托人与代理人不总是具有相同的目标函数。委托—代理理论一般用于公司治理的讨论中，由于信息不对称，企业所有者，比如说股东难以对经理人进行完全的监督，因此经理人可能会追求以股东利益为代价的自身利益。这种信息不对称首先体现在代理人拥有委托人所不掌握的私人信息或者信息优势（Laffont 等，2002）[①]。这里存在一个代理人是否做出了“可信的承诺”的问题（安德森，2002）。委托人要获得专业性很强的信息，必须付出比代理人高得多的成本。在甄选代理人时，委托人所掌握的与代理人有关的信息是有限的甚至是非对称的[②]。阿罗（Arrow，1963）曾指出：“就其定义而言，代理人为其专业知识而被选择，而委托人绝不可能指望完全监督代理人的绩效。”阿罗（Arrow，1985）把代理人所拥有的这类私人信息或者信息优势划分为“隐蔽行动”（hidden action）和“隐蔽信息”（hidden information）。这里，“隐蔽行动”是指不能为他人准确观察或臆测到的行动。这样，对这类行动订立合同是不可能的（Arrow，1985）。“隐蔽信息”是指从事经济活动的人掌握事态发展的某些信息，且这些信息足以让他们做出正确的判断和行动（Arrow，1985）。

① Laffont, Jean – Jacques and David Martimort. The Theory of Incentives [M]. The Principal – Agent Model. Princeton and Oxford: Princeton University Press, 2002: 3.

② 安德森·爱琳. 交易成本分析与市场营销 [M]. 上海：上海财经大学出版社，2002.

拉丰等①认为，这些信息问题使得社会不能实现最优资源配置。而在一个所有信息是共同知识的世界中，本来可以实现这种配置。这里，由于代理人掌握私人信息而采取对策性行为，委托人需要负担额外的成本，如果从交易成本经济学的角度看，这种成本可以视为一种交易成本（Williamson，1975；Laffont 等，2002）②。

对于公私合作来说，委托—代理关系也存在于政府和社会资本方之间。通过 PPP 模式，政府在本质上将提供某种公共物品的责任委托给特定企业，这时候政府相当于传统委托—代理关系中的企业所有者，而社会资本方则相当于企业的经理人。作为理性的行为主体，参与 PPP 项目的企业追求的是自身收益最大化，而政府追求的是公共物品的数量和质量，对于项目的成本与收益的关注并不是政府的首要责任。这种目标函数的差异与信息不对称的存在使得代理人一方面会隐瞒对自己不利的信息，另一方面在委托人难以监督的活动范围中尽量追求自身的利益。比如在 PPP 项目的建设过程中，相比政府，企业对于工程质量拥有更多的信息，在政府难以完全监督的情况下，企业有动力降低工程质量，进而获得更高收益。

但是 PPP 模式中的委托—代理关系也可能是双向的，因为企业也需要政府的合作才能保证项目的顺利进行，企业的盈利在很大程度上依赖于政府的资源和制度支持。

二、道德风险

道德风险主要指的是合同签约方采取的使自身效用最大化但不完全承担相关风险的自私行为或行为人采取的在最大限度地增加自身效用的同时产生不利于其他人的行为（范方志等，2016）③。也有学者（Luenberger，1995）把代理人偏离委托人所欲求行动的可能性和程度称为道德风险。以保险市场为例，投保人在投保以后，往往会降低防范风险的意识，比如机动车保险往往使被保险人的驾驶行为更加危险，而一旦出现危险，投保人将获得补偿，保险人必须做出赔偿，也就是说保险的存在增加了投保人的

① Laffont, Jean - Jacques and David Martimort. The Theory of Incentives ［M］. The Principal - Agent Model. Princeton and Oxford: Princeton University Press, 2002: 3.

② Williamson, Oliver E. Markets and Hierarchies: Analysis and Antitrust Implications ［M］. New York: Free Press, 1975.

③ 范方志，汪延明．通货膨胀与国家道德风险的关系研究［J］．宁夏社会科学，2016（1）：93 -96.

风险行为（Luenberger，1995）。

道德风险更多地表现为一种行为人签订契约之后的机会主义行为。在PPP项目的合约签订之初，政府为了吸引社会资本的参与，往往会提出非常优惠的购买条款。政府的主要目的是通过社会资本的资金优势和管理优势来提供某种公共服务，并且努力使公共服务的成本最低。当PPP项目建成之后，一旦确定项目的公共服务提供能力，那么政府就倾向于减少对企业的优惠政策和各种支持，降低自身的支出。比如在项目建成后，政府又设立了竞争性项目，这将扩大公共服务的供给，对于政府来说这是一种利益的改进，但这将导致原有PPP参与方的收益下降。因此，道德风险是导致PPP信用风险的重要原因之一。

三、逆向选择

1970年，乔治·阿克洛夫（George Akerlof）发表了信息经济学中最具有开创性的论文《柠檬市场：质量不确定性和市场机制》。在这篇文章中，阿克洛夫以二手车市场为例分析了由于信息不对称导致的逆向选择问题：由于买者不知道二手车的真实情况，因此出价相当于汽车的平均质量，而这时候上等质量汽车的卖主就会退出市场，最终市场上剩下的汽车都是质量最差的。导致这种现象的主要原因是劣质汽车的卖主由于可以获得高于劣质车价值的收益而倾向于进入市场，而拥有上等质量汽车的卖主则倾向于退出市场，在极端情况下，逆向选择将导致市场完全消失。

逆向选择在PPP模式中的表现之一是投标过程。如果政府不能在签约前识别企业的各种特征，那么优秀企业可能由于其他企业竞相压低价格而不能参与项目，最终以较低价格与政府签约的企业将会以工程的质量为代价使自己获利。政府必须以尽量低的成本来提供公共服务，但也要确保产品质量，而企业是以营利为目的的行为主体，因此面临着成本与质量之间的权衡。要避免企业的逆向选择行为，必须从事前和事后两个方面着手，事前政府要努力获得企业的相关信息，而在签订契约之后要积极监督，并对降低工程质量、公共服务质量的企业行为制定惩罚机制，使得企业在投标之初就退出PPP市场。

第二节　制度变迁理论与产权和交易成本经济学

制度经济学的分支较多。除了上述契约经济学理论之外，本书还要阐述制度变迁理论、产权经济学理论和交易成本经济学理论这三个分支理论，说明其与 PPP 项目违约行为之间的关联以及可能的政策意蕴。

一、制度的定义与制度变迁理论

PPP 模式的推行，包括其所内含的部分潜在信用风险，可以从制度变迁理论的角度来观察和分析。制度经济学不止存在一种对制度的定义，但是诺思对制度的定义得到最为广泛的接受和认同。诺思（North，1990）[①] 在《制度、制度变迁与经济绩效》一书中指出，制度是决定人们之间的互动关系而设定的约束，体现的是一个社会的游戏规则。他把制度区分为正规制度（正规约束）、非正规制度（非正规约束）与实施机制。正规制度或者正规约束是指经济规则、政治规则和契约，其涵盖的范围从个人契约、内部章程、普通法、成文法到宪法，这些不同层次的规则界定了一般性约束和特别约束。非正规制度或非正规约束则包括人们的行事准则、行为规范以及惯例等（North，1990）[②]。在该书序言中，诺思指出："制度的演化会为达成旨在处理复杂交换的合作方案创造一个有利的环境，为经济增长创造条件。"（North，1990）[③] 他承认，并非所有的人类合作都是社会生产性的（North，1990）。他指出，制度通过向人们提供一个日常生活的结构来减少不确定性（North，1990）[④]。显然，在人类合作中，减少不确定性与稳定人的预期和减少各种相关的风险有关。制度是人们发生互动关系的指南。制度通过对交换与生产成本的影响来影响经济绩效（North，1990）。由于制度的变迁可能是一系列正规约束或非正规约束在实施形式以及有效性方面发生变迁的结果，它就是一个复杂的过程（North，1990）。诺思认为，制度变迁一般是渐进的，而非不连续的。非连续的变迁很少是完全非连续性的，这是因为这些变迁是嵌入非正规约束之中的（North，1990）。

诺思（North，1990）指出，制度变迁存在"锁定"（lock－in）和"路

① North, Douglass C. Institutions, institutional change, and economic performance [M]. Cambridge: Cambridge University Press, 1990.

② North, Douglass C. Institutions, institutional change, and economic performance [M]. Cambridge: Cambridge University Press, 1990.

③ North, Douglass C. Institutions, institutional change, and economic performance [M]. Cambridge: Cambridge University Press, 1990.

④ North, Douglass C. Institutions, institutional change, and economic performance [M]. Cambridge: Cambridge University Press, 1990.

径依赖”（path dependence）。这里，“锁定”是指一旦形成某种解决方案，就很难再从中走出来。“路径依赖”是指机会环境或某些微小事件能决定结果，而一旦结果出现，其就会形成一条特定的路径（North，1990）①。这意味着，历史和制度均是重要的。但他认为制度在经济社会发展的过程中具有决定性的作用，是影响长期经济绩效的关键因素。如果一国的经济或者社会体制的变动导致该国进入某种歧途，那么该国的体制可能被“锁定”。如果一国的经济因为某些政策转向而走上一条十分不利的发展路径，可能形成一种难以摆脱的“路径依赖”。要打破“锁定”或“路径依赖”，也许需要引入新的制度、思想和意识形态，以改变激励结构，形成正向激励机制，由此为制度变迁的转向提供动力。

诺思在1990年出版的《制度、制度变迁与经济绩效》（*Institutions, Institutional Change and Economic Performance*）一书中，指出正规制度（正规约束）和非正规制度（非正规约束）相互依赖、相互嵌套构成“制度矩阵”（North，1990），这就解释了发展中国家进行简单直接的制度移植为什么难以成功这一长期困扰理论界和政治家的难题。按照诺思的观点，没有相匹配的非正规制度的发育和演化，再正确和有效率的正规制度也难以发挥作用；某些时候，正规制度的变动需要非正规制度做出相应的调整，而另一些时候，非正规制度的调整也需要正规制度做出及时修正②。

中国在2004年以前长期不积极推行PPP模式，与固守旧有的基础设施投资体制有关。这种以行政和财政投入为本位的体制惯性形成一种既有的保守路径，即路径依赖以及一种“锁定”。2004年建设部推行第一份涉及公用事业民营化和PPP模式的文件，属于对路径依赖和“锁定”的突破。但是这种突破仍然有限。进一步的突破表现在近年来财政部和国家发展改革委推出PPP有关规定。即便如此，这种突破仍然有其一定的局限性。很多体制障碍仍然存在。很多PPP模式仅仅是政府与国企的合作模式，就体现了这一事实。更大的突破还有待于进一步的体制突破。在政府与国企形成的PPP合作模式中，会存在一些特定形式的信用风险，这与其产权结构有关。这种产权结构不但有利于项目在保证其公共目标的前提下实现成本最小化、收益最大化，或者股东长期价值的最大化，同时也容易

---

① North, Douglass C. Institutions, institutional change, and economic performance [M]. Cambridge: Cambridge University Press, 1990.

② North, Douglass C. Institutions, institutional change, and economic performance [M]. Cambridge: Cambridge University Press, 1990.

导致企业最终亏损，从而可能引发信用风险。不过这种信用风险可通过政府和国企来自财政的补助或其他政府资金支持而得到化解。这种对政府或者国企的财政补助或其他政府资金支持被称为“预算软约束”（Kornai，1986）[①] 问题。

二、产权经济学

产权经济学是制度经济学的重要组成部分。根据平乔维奇（1999）的观点，产权（property right）是指“人与人之间由于稀缺物品的存在而引起的、与其使用相关的关系”（平乔维奇，1999）[②]。根据平乔维奇（1999）的总结，抵押权是指保留他人物品时不得不使用的权利；使用权是指使用其他人物品的权利，但这种权利不包括物品出售、出租或改变质量；用益权是指使用属于他人的物品或将其出租，但不改变其质量或将其出售给别人的权利；邻接权是指穿过他人土地的权利；所有权是指在法律的限度内使用财产的权利[③]。

平乔维奇（1999）[④] 认为，所有权（ownership）是产权一般概念中的一类。根据他的观点，所有权包括处分权、用益权、转让权和使用权这四项权利。其中，处分权涉及改变资产形态和实质的权利；用益权涉及获得资产收益的权利；转让权涉及以双方一致同意的价格把所有或部分使用权和用益权转让给他人的权利；使用权涉及使用资产的权利。显然，所有权是一种排他的权利。平乔维奇（1999）指出，最后两个方面是私人产权最为根本的组成部分，它们规定了由所有权主体来承担资产价值的变化的权利。所有权的排他性使得所有权主体有着选择如何使用其所有权的自由，同时也要为其这种行为承担责任（平乔维奇，1999）。但是，所有权并非是无限的，它受制于法律的约束。哈耶克主张遵循“法律下的自由”原则，强调法治的重要性（Hayek，1973），在这一原则下，所有权和产权的

① Kornai，Janos. The Soft Budget Constraint [J]. Kyklos，1986，39 (1)：3 – 30.

② 平乔维奇，斯韦脱扎尔．产权经济学——一种关于比较体制的理论 [M]．北京：经济科学出版社，1999.

③ 平乔维奇，斯韦脱扎尔．产权经济学——一种关于比较体制的理论 [M]．北京：经济科学出版社，1999.

④ 平乔维奇，斯韦脱扎尔．产权经济学——一种关于比较体制的理论 [M]．北京：经济科学出版社，1999.

保护最为彻底[①]。根据平乔维奇（1999）的观点，所有权缺失导致的一个严重后果会是政治权利与财富的结合，即“权”与“贵”的结合，所有权是财富和政治权利分离的结果。他进一步指出，财产所有权的可转让性推动资源向生产率更高的所有者集聚；财产所有权的排他性促使财产被用于能带来最高价值的地方；财产所有权的宪法保障激励着政治权利与财富逐步分离（平乔维奇，1999）。平乔维奇认为，私人产权与契约自由的结合倾向于促进实现生产的技术效率与经济效率，不过并不能保证必然实现这两种效率。

就PPP项目而言，无论社会资本方是私企还是国企，所有企业首先必须拥有支配有关资源的权利（德姆塞茨，1999）[②]。比如，企业要做到这一点，可以用未来收益为担保来获得银行贷款，由此也蕴含着某种信用风险。在PPP项目中，私人产权的排他性使得私人产权主体作为社会资本方更注重经济效率，其产权的硬约束也较大，一旦出现信用风险，可能难以获得内部或者外部的资金支持。国有产权虽然也是排他性的，但国有产权主体到位程度不如私人产权主体，国有企业作为PPP项目的社会资本方，可能不利于提高项目的经济效率，甚至倾向于降低项目的营利性，或者导致项目信用风险。但是国有企业作为项目的社会资本方，容易提供再注资、获得政府补助或者银行信贷，从而化解项目信用风险。

此外，制度经济学的厂商理论关注资产专用性问题。资产专用性是指“因资产被转作他用所带来的损失”（德姆塞茨，1999）。在PPP项目中，对于社会资本方而言，一旦政府不兑现承诺，其所购置的资产专用性大，对PPP项目的持续经营能力和盈利能力会造成巨大的影响。

三、交易成本经济学

交易成本（transaction cost）又被称为“交易费用”，不过两者属于性质上不同的概念。成本属于主观概念，费用则是客观概念。使用交易成本一词在制度经济学中更为适宜。该概念源自诺贝尔经济学奖得主罗纳德·科斯（Ronald H. Coase），但最初并非他所提出。交易成本是指交易双方若要完成一笔交易，其在买卖前后所产生的各种与此交易相关的成本。具体来说，交易成本涉及交易过程中花费的全部货币成本和时间成本，包括

---

① Hayek, F. A. Law, Legislation and Liberty: Rules and Order [M]. Chicago: The University of Chicago Press, 1973.

② 德姆塞茨·哈罗德. 所有权、控制与企业 [M]. 北京：经济科学出版社，1999.

谈判、协商、签约、合同执行的监督以及广告、信息传播等活动花费的成本（Williamson，1975）①。与此相对的概念是一般的生产成本概念。

科斯在《企业的性质》一文中认为，“使用价格机制的成本”（即交易成本）是“通过价格机制组织生产的、最明显的成本，就是所有发现相对价格的成本”“每一笔交易在市场中的谈判与签约费用”以及通过利用价格机制产生的其他方面的成本（Coase，1937）②。

诺贝尔经济学奖得主奥利弗·威廉姆森（Williamson，1985）③ 对交易成本的概念进行了系统化的梳理，并将新制度经济学定义为交易成本经济学（Transaction cost economics）。他的研究涉及政府监管、垄断与反垄断、公司治理结构、工会、市场组织等领域，其在充分分析和广泛考察的基础上，开创性地将交易成本的概念运用到不同经济制度的分析比较上，从而建立了一个全新的分析体系。此外，威廉姆森将交易成本定义为经济系统运转所要付出的代价和成本，主要包括信息成本、决策成本、违约成本、监督成本、议价成本和搜寻成本。其中，信息成本是指交易对象之间进行信息交换花费的成本；决策成本是指进行决策并签订合约花费的成本；违约成本是指违反合约时付出的代价；监督成本是指监督交易对象是否遵守合约花费的成本；议价成本是指针对品质、价格和契约进行讨价还价花费的成本；搜寻成本是指搜集交易对象与商品信息花费的成本。此后，按照时间的先后关系，交易成本又被威廉姆森划分为事前的交易成本和事后的交易成本。其中，事前的交易成本包括签约、谈判和保障契约等成本；事后的交易成本包括讨价还价的成本、构建与营运的成本以及约束成本等契约不能适应所导致的成本④。其实，其他学者对交易成本有着其他的定义。比如张五常从广义上把交易成本定义为“制度费用”。他认为交易费用即“制度费用”（张五常，2010）⑤。当然，张五常的扩大化处理，使得交易成本分析失去意义。我们回头仍然按照威廉姆森的理论进程来看交易成本的概念⑥。

---

① 德姆塞茨·哈罗德．所有权、控制与企业［M］．北京：经济科学出版社，1999.

② Coase，R. H，The Nature of the Firm［M］．Economica，1937.

③ Williamson，Oliver E. The Economic Institutions of Capitalism：Firms，Markets，Relational Contracting［M］．New York：Free Press，1985.

④ Williamson，Oliver. Markets and Hierarchies［M］．New York：The Free Press，1975.

⑤ 张五常．从交易费用到制度费用［EB/OL］．凤凰网财经，2010－12－21.

⑥ Williamson，Oliver E. The Economic Institutions of Capitalism：Firms，Markets，Relational Contracting［M］．New York：Free Press，1985.

威廉姆森（Williamson，1975）① 指出了7项造成交易成本的成因：

（1）有限理性（bounded rationality）：该概念由西蒙（Simon，1991）② 提出，指交易参与者由于身心、智能、情绪等限制，在追求利益最大化目标时，受到各种约束条件的制约③。

（2）投机主义（opportunism）：指交易参与方为了达到利己的目的而实施欺诈行为，由此导致彼此之间的怀疑和不信任，最终增加了监督成本，降低了经济效率。

（3）资产专用性（asset specificity）：指在不牺牲其生产价值的条件下，资产由不同使用者利用和可用于不同用途的程度。

（4）不确定性（uncertainty）与复杂性（complexity）：因为市场环境充满了各种变化和不可预期性，因此交易双方将其纳入合约中，从而导致在交易过程中议价成本的增加，最终使得交易达成的难度也相应增加。

（5）少数参与交易（small numbers）：由于异质性资源与信息无法流通，导致部分交易过程过于专属性，交易对象减少，市场被少数人控制直至运作失灵。

（6）信息不对称（information asymmetric）：利己行为和环境的不确定性产生相应的机会主义，导致交易各方拥有不同程度的信息，市场的先行者将因握有有利信息而获益，并逐渐形成少数交易。

（7）氛围（atmosphere）：指如果交易双方立场相悖、互不信任彼此，则无法形成一种理想的交易关系，交易过程也将因过于重视形式而增加不必要的成本和困难。

在PPP项目中，有限理性、资产专用性、未来的不确定性和复杂性、少数参与交易、信息不对称和氛围问题都会造成交易成本的提升，从而可能造成项目的信用风险。

此外，根据Williamson（1985）④ 的研究，交易的三项特征影响了交易成本的高低：一是交易商品或资产的专用性（asset specificity），二是交易的不确定性（uncertainty），三是交易的频率（frequency of transaction）。交

① Williamson，Oliver. Markets and Hierarchies［M］. New York：The Free Press，1975.

② Simon，Herbert. Bounded Rationality and Organizational Learning［M］. Organization Science，1991.

③ Herbert A. Simon. Administrative Behavior：A Study of Decision－Making Processes in Administrative Organization，1947.

④ Williamson，Oliver E. The Economic Institutions of Capitalism：Firms，Markets，Relational Contracting［M］. New York：Free Press，1985.

易商品或资产的专用性是指交易者投资的资产成本会因契约的终止而难以收回或交易者投资的资产不具备市场流通性。交易的不确定性是指在交易的过程中，可能会发生各种风险的概率。由于人是有限理性的，在面对未来情形时其无法做出完全的事先预测，此外，在交易过程中，交易双方的信息常常是不对称的，因此，买卖双方需要签订契约来保障各自的权益。所以，交易不确定性的增加将导致议价成本、监督成本等交易成本的增加。当然，交易的频率也有很重要的影响作用，如果交易的频率增加，那么相应的议价成本和管理成本也将增加，并促使企业将该交易活动内部化，从而降低企业的交易成本。很显然，在PPP项目中，上述三项交易特征会影响交易成本，也可能影响到项目的成本压力，从而可能造成项目的信用风险。

第三节 动态不一致性理论

政府政策往往随着时间的推移而出现前后不一致性，其最初的承诺可能不能兑现，公众也往往不但关注现有的承诺，还关注自己的政策预期。这里就涉及动态不一致性问题，这种问题会导致PPP项目的信用风险，因此有必要总结和阐明动态不一致性理论及其意蕴。

一、动态不一致性理论的基本内容

“动态不一致性”指的是在t时刻，政策当局根据一定的最优化原则，制定一项政策，这项政策在t+n时开始执行，然而随着时间的推移和外部条件的变化，这项在t时刻制定的政策在t+n+1时已经不再是最优选择。

巴罗和戈登（Barro和Gordon，1983）最早将动态不一致性引入对货币政策的分析中，他们的研究指出，由于动态不一致性的存在，政策当局一开始制定的政策承诺是不可信的，比如对于政府来说，保持低通胀是最优选择，但是，一旦公众形成低通胀的预期，那么中央银行继续维持低通胀就不是最优的选择，此时中央银行通过制造公众意料之外的高通胀，并进而获得提高产出的收益就成为最优选择。但公众是理性的，他们会预期到政策当局的这种动态不一致性问题，因此一开始就会有较高的通胀预期。最后的结果便是货币当局的政策不能获得任何产出收益，相反只能导致高通货膨胀率。

基德兰德和普雷斯科特（1977；1982）通过分析经济政策和公众预期

之间的动态关系，构建出了一个两时期模型。他们的研究发现，公众在进行决策的时候，不仅会考虑到政府即期和前期的政策选择，而且会对政府未来的政策变化进行预测，更为重要的是公众还会考虑到自身的行为和选择对未来政策的影响。因此，通常的静态分析并没有针对这种动态情形进行分析，从静态分析中得出的静态均衡只是一个次优均衡，“时间一致性问题”由此产生。基德兰德和普雷斯科特指出，政策制定者应该力图使政策得到公众的信任，而这需要一定的制度安排来实现，当政策的变化规则实现制度化之后，公众才会预期政府的政策具有持续性，也只有在这种情况下政府的目标才能实现。因此，解决动态不一致性问题的核心是通过制度安排来实现稳定的政策预期，强化政府政策的可信性，从而实现帕累托改进。

针对政府政策动态不一致性的原因，基德兰德和普雷斯科特指出，由于政府在制定政策时面对的是理性个体之间的博弈，而不是一成不变的大自然（nature），双方的博弈过程是一个复杂的过程，而不是一个简单的博弈。由于理性个体能够分析并预测经济政策的变动，从而使得经济政策的效力降低，并由此出现时间一致性问题。但根据博弈论有关理论，动态博弈过程并不是导致时间一致性问题的根本原因。政府政策的时间一致性问题源于三个方面的原因：（1）行为人的偏好随时间的变化而呈现不规则的变化，因此行为人在某一时点做出的最优决策并不代表这一决策在后面的进程中仍然是最优的，为解决动态不一致性问题，行为人需要保持计划的一致性，这可以通过事先承诺来实现。（2）经济个体和政府的目标函数存在差异，这种目标函数的差异是导致动态不一致性问题的根本原因。（3）行为人偏好的差异会导致外部性的出现。一方面，行为人的效用函数存在着差异且各自追求自身效用的最大化；另一方面，政府尽全力实现社会福利函数的最大化。我们可以看出，行为人个体的最优选择可以通过社会福利函数来影响政府决策的目的，从而产生时间一致性问题，并最终导致对其他经济个体的外部性①。

二、动态不一致性问题的应对思路

针对动态不一致性问题的研究普遍认为，通过制度性安排，促使政府

① 于红．时间一致性与人民币汇率政策信誉［J］．辽宁税务高等专科学校学报，2005（5）：24－25.

事先做出令公众相信的承诺（precommitment）是解决时间一致性问题的关键。一般来说，可以通过以下四种方式来进行制度安排：（1）出台规范化的政府行为准则。政府政策的制定必须依据规则，而不是根据意愿制定相机抉择的财政政策。（2）政策制定者努力建立起良好的声誉。信誉的积累必须依靠长时间的行为的规则性，信誉一旦积累起来，当经济面临紧急情况时政策制定者就可以利用自身的声誉获得巨大的收益。（3）政策制定者要增强自身的独立性。例如，研究表明，强化中央银行的独立性能够有效解决货币政策动态不一致性问题。（4）委托方法。政府可以将某些政策的制定委托给一些具有鲜明个性的个体，比如由厌恶通胀的个体担任中央银行领导人可以使货币政策更加可信。

第四节　博弈论

从20世纪70年代开始，关于在重复博弈过程中如何使行为主体双方形成合作均衡，引起了大批经济学家的研究兴趣，关于这种合作均衡的产生机制的研究极大地拓展了人们对信用的认识。罗伯特·奥曼（Robert J. Aumann）和托马斯·谢林（Thomas C. Schelling）于2005年获得诺贝尔经济学奖，其主要贡献是“通过博弈论分析，促进了人们对冲突和合作的理解”。两人从经济学的角度，以博弈论为分析工具，重新塑造了关于行为主体交互作用的分析范式。

在现实经济中，按博弈次数来划分，可以将合作行为分为单次博弈和重复博弈。在单次博弈中，“囚徒困境”是非合作纳什均衡的典型情况，也是经济学家分析信用关系在长期中如何演进的起点。在单次的囚徒困境博弈中，理性的个体着眼于一次利益的最大化，因而会采取机会主义行为，双方都会形成对方合作、自身违约的预期，因此信用合作难以形成，因为对于行为主体双方来说，不管对方采取何种行动，自己选择违约都是占优的策略。在单次博弈中，信用行为是无法保障的，除非存在其他强制措施。相比之下，如果行为主体双方的合作行为是长期中的多次博弈，则比较容易建立信用合作关系，这主要是因为行为人采取欺诈手段获取的利益大大低于合作获取的利益，也就是说，短期合作行为获得的收益将会低于长期合作的收益[①]。大量研究表明，在重复博弈的过程中，行为主体会

① 王丽颖．重复博弈：信用合作的逻辑路径选择［D］．长春：吉林大学，2005.

自发地形成相应的信用合作机制，如互惠机制和声誉机制等合作机制（Kreps 和 Wilson，1982；Fudenberg，1986；Kreps，1990）。

一、单次博弈

囚徒困境在社会生活中是普遍存在的：行为主体双方事先都了解合作能带来双赢的结果，但如果没有强有力的保障机制，双方的理性选择都是违约，合作难以实现。

在 PPP 项目合作过程中，在单次博弈的情况下，如果政府和企业都采取合作的行为，那么支付结果为（100，100）。从社会的角度来看，这是最优结果，整个社会的收益为 200。如果政府和企业都违约，那么双方的收益均为零，项目失败。如果一方选择合作——讲信誉，而另一方则采取欺诈等违约行为，那么合作一方的收益为 -50，违约的一方的收益为 150。

从社会收益的角度来看，最好的结果是（100，100），在这种情况下企业获得的收益为 100，而政府获得的收益体现在公共物品的供给上，全社会的收益为 200。当博弈双方有一方违约时，社会收益下降为 100，但是对于个体来说却是理性的选择，也就是期待对方讲信誉，而自己采取欺诈的策略，这时违约的一方所获得的收益将多于双方合作所获得的收益。因此，考虑到双方都是理性人，违约欺诈行为成为共同的选择，支付结果为（0，0）。因此，在单次博弈中，违约是政府与企业共同的最优选择，这时候博弈具有唯一的纳什均衡，即（0，0）。这是一个典型的囚徒困境，虽然合作使得双方都能获益，同时社会的收益实现最大化，但是没有人会选择合作，因为行为人都能预期到对方的行动，不论对方如何行动，自己选择违约都是最优选择。

表 2-1　单次博弈

项目	合作（政府）	违约（政府）
合作（企业）	（100，100）	（-50，150）
违约（企业）	（150，-50）	（0，0）

我们可以看出，在单次博弈的过程中，由于参与博弈的双方主要着眼于短期利益和眼前利益，从而加剧了双方的竞争程度，破坏了市场秩序，降低了整体的社会福利，甚至使得整个社会的信用度降到零或负数①。例

① 刘明选，张美萍．信用建设的博弈分析［J］．经济问题，2002（4）：22-24.

如，由于调动频繁，很难将地方经济社会的发展作为地方官员升迁的考核基础，这在一定程度上导致了地方官员不讲信用或很少讲信用。在任期内，地方官员往往采取透支政府信用的方式来实现自己的政绩目标，从来不考虑或很少考虑地方的长远发展利益。又如，部分国有企业的掌舵者之所以会变成“穷庙里的富方丈”，根本原因在于他们没有将企业的生存和发展放在首要位置，而是想方设法地侵占国有资产。由于缺乏行之有效的惩罚和监督机制，假如因造成企业亏损而被就地免职，对于他们来说，这种结局虽然不是最佳的但也非最糟的（如表 2－1 所示，博弈双方都违约）。因此，如果想使诚信成为博弈者的主动选择，建立起良好的信用机制，关键在于将单次博弈转化成多次博弈①。

二、多次博弈

如果行为主体的博弈不是一次的，而是重复多次的，也就是说，长期中的合作行为是在博弈结构不变的情况下的多次重复博弈。在这种情况下，行为人关注的就不是如何在单次博弈中实现利益最大化，而是所有未来利益的折现值最大化。

在分工和合作过程中，不同的行为主体有着自己的利益目标（包括经济利益和非经济利益），利益目标决定了不同行为主体的行为方式和他们之间相互合作的结果，在现代市场经济条件下，不同行为主体之间竞争与合作的核心问题就是利益如何进行分配、风险如何分担。因此，行为主体通过合作才能产生的共同利益是信用形成的基础。人们进行合作的根本动机在于利益，只有在具备相似利益或一致利益时，行为主体之间进行合作的情况才会出现。利益追求越是一致，合作行为越容易出现，如果行为主体的交易活动中存在着利益冲突，或者共同利益的基础较差，那么合作双方就会缺乏信任对方的动机，对于长期收益的预期不是建立在互相信任的基础上，长期中的最大收益便难以实现。

重复博弈理论对行为主体在长期合作中如何形成信用关系做了经典的阐述，从而为我们理解长期合作行为中信用的形成机制提供了理论基础。对于单次的囚徒博弈行为来说，行为主体出于自身利益最大化的需要，可能会采取机会主义行为，从而导致合作与信用难以产生，对任何行为主体来说，不管对方采取的是合作行为还是违约行为，自己选择违约永远是占

① 王丽颖．重复博弈：信用合作的逻辑路径选择［D］．长春：吉林大学，2005.

优的策略，也就是实现自身利益最大化的战略，但是这种均衡的结果是“两败俱伤”。

表 2-2 多次博弈

项目	合作（政府）	违约（政府）
合作（企业）	（100，100），…，（100，100）	（-50，150），（0，0），…
违约（企业）	（150，-50），（0，0），…	（-50，150），（0，0），…

大量的经济学研究表明，在博弈是多次进行的情况中，只要每一个行为主体的长期期望收益高于单次博弈中的最高收益，就会在行为主体中自发形成信用合作行为。实验经济学的有关研究结果也证明了在重复博弈的条件下，行为人更容易形成信用合作关系。例如，在电脑程序的模拟比赛中，“针锋相对”策略不仅展示了信用合作行为在行为人之间作为占优均衡出现的概率，而且为分析这种均衡的演化提供了一个全新的视角。研究结果表明，行为人不首先违约并信任对方，但假如对方首先违约，则对其进行处罚，并视情况继续信任对方以便持续进行合作，这种方式可以使行为人在相互影响中获得最大的收益。

对于 PPP 项目来说，政府与社会资本合作的行为往往不止一次，这是由 PPP 项目的长期性决定的，只有在重复博弈的过程中，双方才能建立起长期稳定的信用合作关系，才能解决信用缺失问题。如表 2-2 所示，虽然单次博弈中可能获得的最高收益是 150，但是一旦出现违约情况，以后的支付情况都会变为（0，0），而如果双方都选择合作而不是违约，则在长期合作中获得的收益是（100，100），…，（100，100），除非行为主体的贴现率极高，否则多次合作中的总收益必定高于单次违约的收益。

在重复博弈的过程中，任何违约行为都可能导致合作的中断，从而导致其中一方或者双方的利益受损。当然，重复博弈的次数越多，行为主体维护自身信誉的激励就越强，合作行为出现的可能性也就越大，因为保持自身信誉的净收益将会随着博弈次数的上升而增加，博弈的结果就由（违约，违约）转变为（合作，合作），实现了帕累托改进①。因此，建立信用合作机制的核心是行为主体为了实现合作中的长远利益，能够自发地抵御违约行为带来的一次性收益的诱惑。

当一些政府在没有私营部门的参与下进行公用事业改革时，另一些政

① 王丽颖．重复博弈：信用合作的逻辑路径选择［D］．长春：吉林大学，2005.

府开始向私营部门寻求资金与专业人才，以解决资金瓶颈并提高效率。通过与私营部门合作，并为其分配明确的责任，政府可以扩大提供更好的服务选择。从经济学的角度来看，信用产生的动力源于对利益的追求。追求自身的利益既可以通过合作实现，也可以通过欺诈实现，政府和企业作为利益共同体在追求自身利益最大化的同时，可能会给对方带来利益损失，因此需要一定的制度规则来平衡各方利益，控制由于单方面的机会主义行为造成最终整体利益的损失，实现整体利益最大化。

第五节 系统论

从系统论的角度看，PPP 项目属于开放系统，可以从系统控制的视角去分析 PPP 项目系统的风险防范和控制。

一、作为开放系统的政府与企业合作

我们可以把政府与企业合作项目看作一个系统，由此来考量对该系统的信用风险进行控制。系统论的核心思想是系统的整体观念。系统论思想的奠基人，比如 Von Bertalanffy（1976）、Meadows（2008）和 Checkland（2012）将系统定义为：一个自然的或人类社会中的实体，由许多相互关联（interconnected）的因素构成，按照某种组织方式来实现某种特定目的或者是执行某种特定功能。Kapsali（2011）认为，系统思想（systems thinking）是一种整体思考方式，这种思考方式将特定的实体组织视为由多个相互联系的子系统构成的，子系统中包括多个个人、过程和技术。在系统思想下，系统中的各个部分不再是独立存在的，而是要思考各个元素之间是如何实现相互作用的，因此探讨的更多的不是线性的因果关系，而是循环关系（cyclical relationships）。我们需要观察 PPP 项目作为系统的功能与结构，研究环境、要素和系统三者之间的变动规律和相互关系。很显然，PPP 项目作为系统，与外接环境有着人、财、物以及信息的交换，存在着各种正负反馈，因而是开放系统。

二、PPP 项目系统的风险防范与控制

PPP 以社会资本和政府合作的方式，利用社会资本来建设公共项目，提供公共服务。对于 PPP 项目的风险来说，建设风险是所有 PPP 项目共同的风险因素，除此之外，PPP 模式还涉及多种风险因素，比如政治风险、

融资风险、技术风险、运营风险、市场风险、规制风险等，这些风险往往与 PPP 项目的持续期、多利益相关主体等有关。

通常情况下，人们往往对这些风险进行单独的分析和处理，但是 PPP 项目的复杂性、持续性以及多个利益相关主体等特点决定了 PPP 项目的有关风险之间往往不是彼此独立的，而是交织在一起的。对于一个复杂系统来说，其本身的复杂性就决定了系统是不稳定的，系统中的多种因素是交织在一起的，对于某种风险来说，难以像简单系统那样将风险追溯到某个单独因素上面。此外传统的风险管理往往是将风险分析和处理局限在一个单位中，但对于复杂系统来说，比如 PPP 项目，往往涉及多个主体，因此风险管理不能通过对单个组织或个体的分析和管理来实现。

为了将系统思想应用到具体问题中，有些学者，比如 Sterman（2000）发展出系统动态学（Systems Dynamics，SD）的方法来将系统思想应用到对经济问题的分析中。在 Sterman 的分析中，通过将复杂系统中的相互依赖关系模型化，并进行模拟，SD 方式可以使企业的经理人员理解并对复杂系统的结构和动态进行建模，通过模拟可以使人们在一个虚拟世界中比较不同风险控制策略的优劣，进而实现特定的目标。这种方法在 PPP 领域中已经得到了广泛应用，比如 Nyagwachi（2008）构建了一个以系统理论为基础的 PPP 模型，并应用在南非的有关 PPP 项目计划和实施中；Aragao 和 Nascimento（2010）使用 SD 方法来帮助 PPP 利益相关者判断相关项目失败的可能性；Jang（2010）使用 SD 方法分析了交通 PPP 项目的建设和运营中风险的动态影响和相互作用。

SD 方法包括四个主要步骤：定性分析（qualitative reflection）、模型构建和模拟、检验模拟并进行评价以及模拟政策和互动实验（interaction experiments）。

以 PPP 项目为例：第一阶段即定性分析阶段的主要目的是考察 PPP 利益相关主体对系统——PPP 项目的关注点，主要是 PPP 项目涉及的各种资源，比如各种组织、人员、资金、自然条件、物质资本等，以及这些资源之间的依赖关系；第二阶段，也就是模型构建和模拟阶段的主要任务是刻画各种资源的存量变化和流量变化的动态，存量变化包括项目中的资金、原材料、信息等资源的积累，流量变化反映的是上述资源的增加或减少的情况；第三阶段是检验模拟并进行评价阶段，在这个阶段中首先要做的工作是通过对 PPP 利益相关者的调查来完善相关模型，确保模型可以准确反映系统的行为特点，当一个能够使所有（或关键的）利益相关者都满意的模型构建起来之后，系统的有关变量便可以在不同的风险状况下得到模拟，进而使人们得以理解各种风险如何影响预先设定的目标，对于 PPP 项目来说，目标可以是公共服务的质量或者数量；第四阶段的主要工作是进行“虚拟实验”，以检验不同的管理策略如何影响关键绩效指标。

总之，系统论思想对于 PPP 的运作和风险的主要启示就是：PPP 项目的利益相关者，甚至包括研究 PPP 问题的学者，都应该改变传统的思维方式，以系统论思想来考虑 PPP 的相关问题，只有采取系统论的视角才能充分反映 PPP 项目的长期性、复杂性和相关主体的多元性等特点。要实现这一点，各个利益相关主体必须进行合作并建立起信任，进而在彼此之间分享有关风险的信息。

同时也要注意到，采用系统论的观点来思考和解决 PPP 模式下的问题也存在一些必须克服的障碍，比如 PPP 项目中的利益冲突问题，风险分担的有关法律问题，时间和相关资源的稀缺性问题，对复杂性的考虑等。

第三章　政府与企业合作信用风险的成因、防范与化解

PPP 模式之所以得到了广泛应用并在世界范围逐渐扩张，主要是因为这种方式发挥了政府与企业各自的优势。如果没有双方的合作，仅凭一方的力量难以实现这种结果。而合作的基础就是建立和维护互信。无论是从企业的生存还是发展来看，信用都是企业在生产经营过程中必不可少的一个前提条件[①]。当一个企业关注短期利益而非长期利益时，就更容易采取相应的短期行为，结果导致无信用或违约现象的发生；而当一个企业更加关注长远利益时，就需要建立和维护其长期声誉。消费者愿意与声誉好、值得信任的企业发生交易。当然，企业的长期利益也是通过长期信用的考验获得社会对其的信心而实现的。过去的信守承诺，为未来建立稳定的守信预期，由此形成信用。

正因为政府和企业信用的重要性，本章将讨论和分析 PPP 项目信用风险的成因、表现、防范和化解。

第一节　政府与企业合作信用风险的成因

PPP 项目信用风险的成因，可以从以下四个方面入手加以分析：一是 PPP 模式带来效率；二是 PPP 市场的供求关系变化；三是非正式制度问题，比如法治精神和契约精神缺失问题；四是信用风险产生机理。

一、PPP 模式带来效率

随着我国经济社会的持续发展，公众对公共服务和产品的需求标准逐渐提高，政府与社会资本方合作充分发挥各自的主体功能，才能更有效地

① 孙智英．信用问题的经济学分析［D］．福州：福建师范大学，2002：134.

满足公众对公共物品的需求①。

政治学家林德布洛姆（1992）提出“市场制度是建立在交换关系之上，而政府制度是建立在权威关系之上。与企业的市场供给相比，政府通过权威性和强制性的行政机制来供给公共物品，具有无可比拟的效率优势”②。依据制度经济学的交易成本理论，一种制度或组织是否有效率，主要看这种制度或组织是否能够节约交易成本。政府凭借自身的权威性、强制性、垄断性来集体供给公共物品，具备大大节约公共物品供给过程中的交易成本的条件③。

但是，美国经济学家哈维·莱本斯坦（Leibenstein，1966）研究发现，在社会经济活动中存在各种“非配置性无效率”（“X－无效率”）问题。在他看来这种低效率实际是指一些与组织或动机有关的因素导致的效率损失，即在资源配置条件既定的情况下普遍存在于组织内部的低效率现象，这种效率损失与组织机构给予处于组织中的个人的激励程度与监督程度有关。莱本斯坦认为，在充分竞争的市场中，厂商追求利润的最大化和成本的最小化，而受“庇护”的垄断者的经济行为则可能导致低效率。对于公共物品供给而言，政府的垄断供给不但存在供给总量不足或过度供给、结构不合理等资源配置问题，还存在着政府供给公共物品带来的产出效率低于社会资本供给的产出效率的情况。这种无效率产生的原因主要包括因缺乏竞争机制和外部压力导致公共物品政府供给的低效率，缺乏降低成本与提高效率的激励以及对政府部门绩效评价存在困难④。

1. 政府提供公共物品相对效率低的具体原因分析

（1）政府作为终极权力方的委托代理链条过长，导致公共物品的供给成本提高。根据公共选择理论，政府官员也是理性的“经济人”，他们的个人行为目标同整个社会福利最大化的目标未必一致，委托人和代理人存在利益冲突，在很长的委托代理链条中，各个委托人很难观测到代理人的具体行为，从而削弱了委托人的控制能力。对于各个代理人而言，公共物品的成本不是由他们最终承担，而是由纳税人最终承担，委托人和代理人间的信息不对称很容易导致软预算约束的出现，加上委托人和代理人间的

① 梁学平．中国公共物品的供给研究［M］．天津：南开大学出版社，2004.

② 查尔斯·林德布洛姆．政治与市场：世界的政治—经济制度［M］．上海：上海三联书店，1992.

③ 梁学平．中国公共物品的供给研究［M］．天津：南开大学出版社，2004.

④ 梁学平．中国公共物品的供给研究［M］．天津：南开大学出版社，2004.

利益冲突，降低了政府提供公共物品的效率，最终导致公共物品供给成本的提高①。

（2）公共物品估价或政府部门绩效评价困难。政府及官员供给公共物品所追求的是社会效益，而非经济效益，社会效益的衡量缺乏具体的标准和可靠的估算方法与技术。在非市场供给或垄断供给的条件下，由于无法对国防、医疗卫生和社会保障等公共物品的供给与产出水平进行测量，也无法找到政府官员或政府部门进行绩效考核的可参照标准，因而对于公共部门的供给效率、提供公共物品的政府部门的规模进行评估是非常困难的②。

（3）缺乏降低成本、提高效率的激励。由于公共物品的非计量性特点，供给标准缺乏合适的参照系，供给规模缺乏预算约束，加上官员没有对政府节约预算的索取权，而且公共物品供给中缺乏对官员降低成本、提高效率的激励，最终导致政府提供公共物品效率降低。

（4）缺乏竞争机制和外部压力导致公共物品政府供给的低效率。长期以来，我国各级政府一直是公共物品的垄断供给者，即使存在社会资本供给主体，也是政府占主导作用。在这种供给体制下，公共物品供给及生产领域的产权多集中于政府及其公共部门，私人资本难以进入，使得资源在公共物品与私人物品、公共部门与私营部门间难以形成优化组合。政府对公共物品的垄断供给，在一定程度上必将导致供给的低效率。由于缺乏竞争机制和外部竞争压力，提供公共物品的政府部门往往缺乏降低成本、提高效率的激励。另外，公共物品收益的难以估价、政府部门绩效评价的困难也容易导致公共物品供给的低效率③。

2. 政府与社会资本方合作对公共物品供给效率的作用和风险分析

由于公共物品的提供需要一定的成本，为了更好地满足公众对公共物品的需求，提高社会福利，推动经济健康稳定增长，公共物品的供给需要同时注重效率与效益，在满足公众需求的同时，投入产出关系显得尤为重要，这种投入产出关系是衡量经济社会进步的条件。

由于政府财政能力的有限性导致公共物品供给能力的有限性，政府垄断供给无法有效满足社会及公众日益增长的公共物品需求，公共物品总体

---

① 梁学平．中国公共物品的供给研究［M］．天津：南开大学出版社，2004.

② 金红磊．政府职能的让渡与拓展——基于公共物品的提供［J］．经济体制改革，2005（4）：37－40.

③ 梁学平．中国公共物品的供给研究［M］．天津：南开大学出版社，2004.

供给不足；由于对社会及公众公共需求及偏好分布信息获知的有限性，政府所提供的公共物品的种类、数量无法满足社会及公众多样化、多层次的公共需求，进而出现公共物品的超额需求；公共物品供给由政府垄断导致了公共物品供给的低效率等，因此，公共物品的供给需要通过引入市场竞争机制来提升效率①。

在公共物品超额需求的诱导下，在“经济人”动机的驱动下，社会资本方利用市场机制提供某些公共物品，在满足部分超额公共需求增进社会福利的同时，实现企业收益。而对于消费者来说，通过市场购买行为能够满足其超额需求的公共物品，实现效用最大化。消费者的超额需求与企业的动机相结合，既可以提高消费者的福利水平，又可以实现通过市场机制供给公共物品。

参与公共物品的社会资本方是理性经济人，追求利润最大化是企业的动机，如果对社会资本方没有有效的监管和规制，很可能带来公共物品供给的私人垄断，此时公共物品供给价格提高，当产量不足时，会造成公共物品供给的效率损失和福利损失。在利用市场竞争机制实现提高公共物品供给效率的同时，政府和社会资本方为了实现和提高各自的效率和效益，可能不遵守信用，这不仅会损害对方的权益，也会对公共物品的供给效率造成损害。因此，建立科学完善的法律制度和信用保障机制督促政府和社会资本方遵守信用，并有效处罚失信行为，既能实现政府和社会资本的优势互补，又能互相监督有效促进，在发挥政府凭借自身权威节约公共物品供给过程中的交易成本的同时，降低信用风险的发生，从而有效提升公共物品供给效率。

二、PPP 市场的供求关系变化

社会资本方需要有长期的市场商誉，才能获得政府和公众的信任，从而有较大的可能性参与 PPP 项目。一个具有良好信誉的政府能赢得公众的支持与信任，包括社会资本方的支持与信任。社会资本方与政府之间的互信，是推行 PPP 项目的基础。参与 PPP 项目的社会资本方追求的是经济效益，而政府因其自身职能要求所限，首先需要追求法规政策事先规定的公共利益，而官员则最好是通过努力实现这些事先规定的公共利益来实现其自身的个人利益。这种官员个人利益的实现方式最容易为社会公众所接

① 梁学平．中国公共物品的供给研究［M］．天津：南开大学出版社，2004.

受。因此，政府与社会资本方在互信的基础上推行 PPP 项目合作，提供相应的公共基础设施，既可满足公众利益，也能实现社会资本方的私人利益，而且兼顾官员的私人利益，由此实现共赢。

一般来说，政府与社会资本的合作能够为社会带来如下有利影响。第一，增加公共基础设施供给。由于 PPP 合作期较长，一般在 10 年到 30 年之间，在地方财政资金短缺的情况下，通过引入社会资本，政府可以将初始投资转化成未来 30 年付费，从而解决地方融资难问题。第二，降低成本，提高效率。在引入社会资本之前，公共部门在基础设施建设期成本较高，工期控制与运营期管理效率相对较低。引入社会资本后，实现项目全生命周期管理，有效降低由设计、建设、运营及维护等带来的总成本，缩短工期、提高效率。第三，防范与分散债务风险。采用 PPP 模式可以有效避免一些地方政府预算约束性问题的发生。比如，地方政府通常以过去经验为主要参考依据申请和安排预算，由于预算与实际支出偏差很大，一些地方政府担心当年申请到的资金没有花出去影响第二年的预算申请，年底大量使用资金，造成财政资源损失，由于 PPP 模式中社会资本方的引入，项目的选择能够更加符合市场供求关系，资金的使用也会更加有效。第四，提升公共物品质量。通过引入社会资本可以提高运营管理效率，努力实现规模效益，减少相对成本，增加利润。新成立的 SPV（Special Purpose Vehicle）公司较之于过去的政府企业更有动力改善管理，整合提升管理团队建设，提高技术含量，推进开发创新，最终提高公共物品质量。

然而，PPP 项目是否能够盈利以及盈利的水平究竟如何，从根本上取决于市场需求状况。对于一个特定的企业来讲，决定市场需求的不仅仅是产品或者服务的质量，还取决于市场结构和企业自身的市场地位。一般来说，随着经济的逐步发展和城市化进程的推进，人们对各类公共物品与服务的需求会一直保持增长的趋势，面对日益增长的市场需求，地方政府有增加公共物品与服务供给的职责，而其他企业也有进入相关行业的激励。面对不断增加的对某种公共物品与服务的需求，地方政府会通过财政支出或者是 PPP 的方式增加供给。新建的 PPP 项目会对原有项目形成实质性的竞争，当原有项目不能继续保持原有市场地位时，新项目将会与原有项目争夺市场份额，降低原有项目的收益水平。如果企业不能保持一定的利润水平，同时又得不到来自地方政府的补贴，那么社会资本可能会选择违约，信用风险由此诞生。

市场供求关系往往是一个不断变化的相对不稳定关系，当市场供求状况合理时，政府和社会资本方可能都会遵守信用，社会资本方也能够取得预期的合理收益，PPP 项目能够比较顺利地实施。如果公共物品供大于求，政府和（或）社会资本方就可能基于维护自身利益或降低费用避免损失的考虑而不遵守信用，从而损害另一方的利益或损害公共物品的供应质量和效率。如果公共物品供小于求，政府和（或）社会资本方就可能基于获得更多利益而提高价格或增加费用的考虑而不遵守信用，以获得更高的投资收益，从而损害另一方的利益或增加公共物品的供应成本、降低供应效率。

三、非正式制度问题：法治精神、契约精神缺乏

从本质上讲，市场经济的发展过程体现了契约精神逐渐得到社会主体的认可和遵循，法治经济逐渐确立。作为协调政府与公民之间、个人与社会之间以及国际合作的方式之一，契约作为有效的协调方式早已是人们的共识。

契约属于诺思（North，1990）在《制度、制度变迁与经济绩效》一书中所指的正规制度。契约的遵循涉及一种契约精神，这种契约精神则属于非正规制度。诺思指出，作为一种社会的规则，制度的本质是人为设置一些约束来影响人们的互动关系。制度可以划分为正规制度、非正规制度与实施机制。

契约或者契约制度作为正规制度，表面上指向行为主体的各种交换活动，但交换关系具有一定的社会背景和社会文化，也就是契约精神，因此，契约精神作为非正规制度的发展必然增进对契约的遵守。自由、平等的交换活动是契约精神的外在表现，契约制度是其内在保障，而契约制度在政治上的表现就是一个法治政府的存在，法治政府是契约制度在政治上的诉求。

以自由和平等为核心理念的契约精神，由于契合了市场经济的要求，大大促进了市场经济的发展。契约精神体现了市场经济活动中最为重要的平等权利关系，市场经济的发展见证了一个社会的契约精神和契约文化的繁荣，基于契约精神和契约文化的市场经济是一种契约经济和法治经济。

在市场经济条件下，只有通过契约，个人和企业家的才能才可以得到充分的发挥和利用，契约是扩大个人自行处理其资源的权利的主要法律手段（施瓦茨，1989）。契约将各个市场主体结合起来，如果说分工是市场经济发展的经济原因，那么契约精神的确立就是市场经济发展的非正规制

度保证。在契约精神得到很好地执行的地方，各个市场主体的交换行为将会有着更为明确的预期，因此交换活动会更为频繁，而在契约精神遭到摒弃的地方，不仅交换活动的频率不高，机会主义行为还将会泛滥成灾。

中国 PPP 项目的违约风险一方面来自行为主体契约精神的缺乏，另一方面来自标准意义上的契约不完全，这提供了违约空间，导致部分人利用这一空间做出违约行为。与 PPP 相关的法律法规不完善导致政府或社会资本方有机会利用法律规范的不健全，而违背诚实信用甚至违背法治精神，给合作相对方或社会产品供给造成损害。同时法律也只是最低限度的道德，即便与 PPP 相关的法律法规制定完善，因为我国的社会诚信体系尚未全面建立，政府可能基于追求政绩的考虑而损害社会资本方的利益，甚至社会公众利益；社会资本方为了追求经济效益，而缺乏社会责任精神从而给社会产品供给带来不利影响。因此，如果政府或社会资本方不讲诚信、缺乏契约精神，PPP 项目的实施同样可能面临信用风险。

另外，建立一个法治政府，是契约文化和契约精神对政治权力提出的要求。从微观主体的角度来说，交换活动的顺利进行需要契约精神得到贯彻，契约规定了彼此的权利和义务。违反契约精神将会破坏交易活动，导致一方受损或者双方受损。

四、信用风险产生机理

从 PPP 运行的结果来看，社会资本方获得的利润率难以保证适度。如果利润率太低，那么社会资本方投资 PPP 的积极性就会下降；如果利润率太高，那么 PPP 项目就可能难以实现有效提供公共物品的目标。从惩罚机制来看，虽然表面上政府和社会资本双方处于平等地位，但公共部门有着明显的优势。实践中，对于社会资本方违约问题，相应的惩罚机制相对健全，但对于公共部门出现违约行为，却缺少相应的监督和约束机制。

市场经济的重要基础之一就是建立一个良好的信用体系，在 PPP 项目中，政府信用是实现政府与社会资本方合作的核心，如果政府部门能够建立起良好的信用和契约精神，那么社会资本将会大量进入 PPP 项目，否则会将资本投入其他领域。而一旦出现社会资本对 PPP 项目望而却步的情况，那些资质不够、信用较差的社会资本便会积极开展与政府的合作，委托—代理理论中的“逆向选择”问题由此产生。

一般来说，在社会资本与政府进行正式合作之前，必须首先明确相关的法律法规。如果在双方合作之后需要对相关的法律法规进行重新修订或诠释，将在一定程度上影响项目的服务收费或市场需求，损害整个合作契约的有效性，从而阻碍项目的正常建设及运营，严重的甚至可能直接导致项目的中止或失败。这是导致合作项目失败的主要风险因素（亓霞等，2009）。

世界银行驻中国代表处专家沃维克（Mara Warwick）在研究中国城市发展后指出，由于相关的法律法规不健全，中国的基础设施建设在吸引社会资本方面还处于早期发展阶段，这一时期有可能出现投资不可持续的问题，且投资的风险性较高。而 Estache 和 Serebrisky（2004）则认为，对于国有企业改革路径的选择来说，可靠的政治承诺是改革持续进行的基础，如果政府的相关政策缺乏连续性，那么双方的协商可能提前宣告失败。另外，在宏观政策已定的状态下，从微观角度来看，政府可能拒绝履行契约所规定的责任与义务，从而使得社会资本与政府合作的项目归于失败。特别是在法律法规不健全的环境下，如何树立政府诚信，如何规范政府行为等往往成为政府与社会资本合作时需要考虑的现实问题。

Daniels 和 Trebilcock（1996）发现政府所具备的权威容易产生“重承诺，轻践行”的现象，从而造成合作缔约问题。余晖和周耀东（2005）认为，政府所具备的天然权威使得其可能具有拒绝履行自身所需承担的责任与义务的动机，在此基础上，他们提出了“政府承诺缺失”的概念。如果不能长期对政府进行有效的制度性约束与监管，那么政府就有可能为了追求自身利益而随意承诺，最终导致制度性的有效承诺缺失。这种政治风险可以用博弈论中的“承诺不可信”来解释，具体来说，如果违背契约的收益大于遵守契约的收益，特别是当这种收益是在综合考虑了违约后的处罚以及多次交易的声誉等后果时，当事方的理性选择将是违背契约中自身的承诺。

从某种程度上来说，由于“承诺不可信”是由契约不完全引起的，因此，不仅政府存在着不可信承诺的可能性，而且社会资本也存在着不可信承诺的可能性（Bettignies 和 Ross，2009），这种状况将造成合约方尝试对原契约进行修改或不遵守原契约。因此，不管是何种情况，不可信承诺都将对社会资本与政府的合作效率带来消极的影响。另外，公共部门的腐败现象往往成为项目合作成功的障碍，同时也是政府信用风险的诱发因素，其不仅会增加政府的违约风险，还将直接增加项目公司在关系维护方面的成本。根据通常的风险配置原则，政府应当承担相应的违约责任。然而，由于政府既是项目规则的制定者又是项目规则的实施者，且契约本身也存在着不完全信息的限制，这就对有效控制政府的信用风险形成了挑战。

PPP最早出现在发达国家，经过数百年的发展，市场经济体制已经在这些国家趋于成熟和稳定，与市场进程相伴随的是信用制度的建立和成熟。经过百余年的发展，西方发达国家大多已经形成较为稳定的信用制度和较为完善的信用法律体系。因此，信用风险（违约风险）并没有成为制约发达国家PPP发展的主要障碍和问题，这一点可以从大量的文献研究中看出来。比如针对PPP定价风险的研究（Boussabaine，2013），针对PPP风险分配的研究（Arndt，1999；Hayford，2006），针对PPP风险管理的研究（Ke等，2009；Khasnabis等，2010）等。

中国的市场经济体制尚不完善，伴随着各种市场机制的缺陷以及薄弱的信用体系，不仅仅是企业的信用体系亟待建立，各级政府也时常由于追逐短期利益而违背契约精神。因此，PPP的信用风险可能更多地体现在发展中国家的实践中。虽然上述国外相关研究较少涉及PPP项目的信用风险，但是这些风险因素也可能是导致信用风险产生的重要内外部因素。

第二节　政府与企业合作信用风险的表现

PPP运行中，可以区分政府和企业的信用风险问题。本节将主要讨论政府和企业信用风险的不同表现。有些风险是政府和社会资本方共担的。例如，2014年11月29日，财政部发布的《关于印发政府和社会资本合作模式操作指南（试行）的通知》规定，国家政策、法律和市场最低需求等风险由政府承担，项目的设计、建造、运营和维护等风险由社会资本承担，而不可抗力等风险则由社会资本和政府共同分担。也就是说，由法律、政策和最低需求无法满足等原因造成一方无法履约的风险归为政府方风险，由项目设计、建造、财务和运营维护等商业原因造成一方无法履行的风险归为企业方风险。

一、企业信用风险的表现

企业的信用风险集中表现在建设期和运营期，政府的信用风险则集中表现在运营期和项目移交阶段。企业的履约能力信用风险主要体现在项目的建设阶段和运营阶段。在建设阶段，政府主要起监督作用。企业的信用风险主要是持续投资能力不足以及由于设计不当、承包商不当、成本超支、工期延误、施工技术不当等因素导致的风险。在运营阶段，政府的信用风险主要是持续财政能力不足，无法保障项目经营的顺利进行。企业的信用风险主要表现在经营管理能力不足，以及由于原材料供应和价格、经营管理水平、市场需求/销售量、销售价格/竞争、环境污染、合作伙伴信用、合资风险等原因导致的履约能力不能有效发挥的风险。在项目移交阶段，企业的信用风险主要体现在无法提供保质保量、符合政府指标要求的基础设施类产品，政府的信用风险主要体现在不能严格按指标要求验收项目，并对完工项目缺乏偿付能力。

另外，在整个项目运营过程中，可能会受到诸如火灾、洪灾、地震等自然灾害影响，盗窃等第三方事故影响，以及由于外汇、利率、通货膨胀等宏观影响因素导致的双方违约，这些外界的不可抗力是导致政府与企业履约能力不能有效发挥从而产生信用风险的客观影响因素。

对于任何企业来说，信用是企业生存、发展所必需的条件之一。无论是与其他企业还是与消费者建立经济联系，企业如果不考虑长远利益，而只考虑当前的收益最大化，那么就容易产生短期行为，欺诈、违约现象就会不断出现。而信用行为则可以为企业积累起珍贵的无形信用资本，随着时间的流逝，企业信用资本得到不断积累，企业将获得显著的规模收益。

可以举例说明上述情况。某污水处理项目，前期设备已投入安装，但到了实际运营阶段发现污水中有害成分发生了变化，有害成分由原来的镍、铬、钨变成了现在的镍、铬、锰。甚至随着人们生活的变化，后期污水里需要处理的元素越来越多。但是设备是处理镍、铬、钨的，由于与前期项目论证阶段测量发现的有害成分不一致，购买的设备需要更新，因此需要继续加大投资，增加了成本。

通过对一些企业的调研，了解到企业在 PPP 项目中存在的信用风险主要集中在运营阶段。常见信用风险主要体现在：

（1）履约能力不足。如在运营阶段，若市场结构发生变化，原材料价格上升等，导致企业实际运营成本增加，收益率下降，如果政府补助资金不能及时到位或无法保证企业正常运营及收益，则企业履约能力不足、履约意愿减弱，或直接导致违约。

（2）形势判断失误。实践中，可能存在企业前期已经投入大量资金，在后期运营中，形势发生了变化，在没有收回成本的情况下，企业不能继续履行约定。这种违约现象很多，可能是因为合同谈判期的资金测算误差导致企业没有能力继续执行约定，也可能是政府由于财政收入困难无法履行合约。

（3）企业本身主营业务出现了问题。这将导致成本增加，成本分担成了问题，无法保证项目的正常运营，最终违约。

（4）资金不到位。在给定的融资期内建设方未能完成融资，资金不足，不能及时结算，导致项目无法正常进行。

（5）管理不完善。项目公司在项目的建设与运营过程中，由于管理上的疏忽，可能造成成本超标、项目检修不及时、员工违规作业，甚至出现安全事故等，在项目的不同阶段，相关的管理问题也各不相同。具体来说，在前期的运作阶段，相关的管理问题主要包括合同签署是否严密、资金状况是否良好、可行性研究论证是否充分等；在建设阶段，相关的管理问题主要体现在进度、费用、质量和合同管理等方面；在运营阶段，相关的管理问题主要是项目的现金流状况是否充裕。总之，管理贯穿整个项目的生命周期，渗透于整个项目的全过程，其对人才的要求较高。

（6）建设延误。一般来说，项目建设延误主要包括项目完工后无法达到预期运行标准、项目延期完工和项目无法完工三种情况①。项目建设延误对项目造成的消极影响是全面的，包括贷款偿还期限的延长和市场机会的错过、项目现金流量不能按计划获得、项目贷款利息负担增加、项目建设成本增加等。

（7）降低移交残值获利。项目移交时期的残值风险主要是指移交的PPP项目的资产价值低于该资产的预期值。在资产正式移交之前，如果私营部门利用经营管理之便，对设备疏于保养与维护，或是通过变卖资产而获益，那么这将严重损害政府的利益。

（8）破产风险。破产风险主要是指项目公司或社会资本方在PPP项目的建设期间或者特许经营期间可能存在破产的风险。由于这种风险会直接影响项目的正常建设或者运营，公共部门一定要仔细挑选最合适的社会资本方进行合作。

（9）技术过时。主要表现为企业引进的技术达不到需要的标准，企业技术落后或更新升级失败导致项目终止。

（10）设计不合理。企业对项目的相关设计不合理，从而带来投资的增加、影响项目的完工、影响项目正常投入使用。

---

① 孙艳娜，刘小乐，姬绍东．项目融资过程中的风险性研究［J］．中国电力教育，2008（6）：158－159.

二、政府信用风险的表现

PPP 项目签约不多、推进缓慢的一个主要原因在于政府的信用风险。因此，为了缓解政府债务压力，促进 PPP 项目成功签约，政府要努力减少社会资本对政府的不信任，严格遵守契约精神①。

PPP 案例：武汉汤逊湖污水处理厂

2001 年 2 月，凯迪电力股份有限公司获准以 BOT 模式承建汤逊湖污水处理厂项目，根据合作协议，凯迪电力股份有限公司负责项目的建设与融资，并在项目建设完工后拥有 20 年的特许经营权，而武汉市国资委的代表武汉高科国有控股集团公司负责落实相关的污水处理政策，项目特许经营期满后将无偿移交给武汉市国资委。2003 年，项目建设完工，但由于存在道路规划方面的问题，因此无法建设污水收集管网等相关的项目配套设施，导致项目设备的调试异常困难，不得不从远离项目的一条排涝沟里抽取污水对项目设备进行调试。此外，由于项目地处江夏区，而根据武汉市的相关政策，江夏区不收取相应的排污费，导致项目的收入来源没有保障。

2004 年 7 月，经过多方协商，项目以 6500 万元转让给武汉水务集团，而凯迪电力股份有限公司在该厂的投资总额将近 9000 万元。汤逊湖污水处理厂项目之所以最后以失败告终主要是因为政府难以履约致使项目的配套设施难以动工，而武汉市当时排污费的收取规定也使得该项目没有经费来源。

资料来源：罗卡基建数据分析，http：//ppp.94jiandan.com/。

在 PPP 项目的具体实践中，政府在签订相关的协议之后，出于公众利益或自身利益的考虑，可能采取违反协议内容或违背契约精神的行为，这将损害社会资本方的利益，即出现政府行为中的信用风险问题。政府之所以会缺乏契约精神，主要是因为其未认识到 PPP 模式将从根本上提升公共服务的效率，仅仅将 PPP 模式作为一种简单的融资工具，从而在项目推广时为了吸引资金而做出一些不切实际的承诺。当争议与利益冲突出现时，政府部门利用自身的优势地位可以更多地维护自身的利益，而社会资本方

① 马骥，陶安．PPP 热背后的冷思考［J］．统计与咨询，2015（10）：41－42.

则被迫承担由政府部门违约带来的损失，最终只能以政府失信和项目失败告终。因此，政府行为中的信用风险是阻碍 PPP 模式发展的主要原因之一。

政府是规则的制定者与执行者，公共服务生产者、采购者和提供者，利益协调者和公共服务监管者，政府的角色缺位、错位、越位，更换法定代表人、换政策，政策制度不一致，执行不到位等行为，都会引起政府失信。民营企业因此就会考虑短期利益，对政府信用预期差，对政策稳定性产生怀疑。此外，政府改建或新建的 PPP 项目与现有项目形成直接或间接的竞争关系、政府承诺了违反现行法律法规的项目、政府承诺超过地方财政能力和公众需求的高回报项目等都将造成信用风险，从而损害合作方的权益，并最终导致合作项目的中断。

通过对政府机构工作人员以及企业负责人进行访谈和总结，政府信用风险主要表现为：

（1）行政审批烦琐。一些项目审批周期漫长，而且生产周期和建设周期也长，经历了从 2009 年开始的物价上涨，原材料价格上涨，导致成本上升，严重超出项目申报时的成本预算，企业做不下去，合同中约定的金额已经不能足额支付建设费用。例如，某个项目，主体工程已经建设完成，但是很多配套设施（如电力设施）由于缺乏资金而无法建造。

（2）政策法规变化。任何有关政策法规上的负面变化都可能造成项目的损失，实践中由于政策法规调整导致的项目不能按原计划实施的案例很多，这是政府方信用风险的突出表现。一种是由国家或上级部门制定的相关建设标准或规范发生了变化。按照之前的建设标准已经通过审批的项目，不能满足新发布的相关法规要求，项目无法按照原计划继续实施或需要进行重新设计，但建设费用已经发生。也可能在项目前期只是进行了一些研究论证、规划，项目还没有来得及开工，但因法规政策发生变化，原项目选址已经无法满足建设要求，需要重新进行选址设计，相当于启动了一个新项目，之前所做的工作和经费投入也无法收回，从而导致政府违约行为发生。如某集团下的污水处理厂项目，按原有合同中的环保指标实施顺利，但是，随着人们生活水平的提高，国家制定的环保指标要求提高，企业要满足新的指标需要更新设备增加成本，收益下降导致收益无法满足实际运营成本，在主张向政府申请补偿时，由于缺乏相应的补偿机制，政府无法满足企业需求。一方面，政府改变原有合约内容无法补偿违约成本，政府信用风险发生；另一方面，企业由于收益无法补偿成本，在追求利益最大化的同时可能会造成违约风险，企业不按要求排放污水，造成大面积污染，企业信用风险发生。另一种是地方政府自身政策发生了变化。地方政府在引进社会资本的过程中，对政策稳定性缺乏考量，因而对 PPP 项目的实施产生不利影响。如某市收费高速公路项目，在 2001 年由 A 公司与市政管理局签署了 BOT 合同，由 A 公司作为 PPP 项目的建设、运营方与市政管理局合作开发该 PPP 项目，A 公司的投资回报来源主要为收取高速公路通行费。该项目于 2005 年初顺利完成建设，并投入运营。但在这之前的 2004 年，市物价局与市政管理局联合发布了《关于降低本市高速公路车辆通行费收取标准的通知》，该通知规定下调高速公路车辆通行费，从而严重影响了该项目的盈利能力。因此，对于 PPP 项目来说，政策的突然改变不仅将影响项目的投资回报，也将对项目的转让或再融资造成不利的影响。

（3）忽视民意。实践调研中发现，有关政府和企业合作项目中，忽视民意的现象主要表现为：第一，公众对项目的选址不满意，从而产生诸如散步式抗议等。例如某地区，因建设大型水厂项目启动仓促，在已经立项的情况下，周边群众对选址有意见，担心设立水厂对生活环境有不利影响，阻挠开工。还有的项目选址涉及拆迁，因被拆迁者对补偿方案不满意，迟迟不肯搬走，延误了项目进展，最终导致项目停止。第二，因为管理疏忽，项目在运营过程中产生了较大程度的污染，给公众的日常生产生活带来不便，从而导致公众的不满甚至出现一些过激行为，这些都是由于忽视民意最终导致项目无法顺利实施。因此，在政府与社会资本合作项目中，需要考虑将公众意见纳入合约。

（4）财政风险。在政府与社会资本合作项目实施过程中，社会资本方一般通过政府付费、使用者付费和政府对运营商实施补贴等模式收回投资并获取相应的投资回报。其中，政府付费模式一般用于市政道路、水源保护、垃圾处理等终端型公共基础设施和公共服务项目；使用者付费模式一般用于高速公路、城市燃气和市政供水等直接向最终用户提供服务的项目；政府对运营商实施补贴模式一般用于学校、医院、大型体育场馆等直接向最终用户提供服务但收费无法弥补建设和运营成本的项目。而在我国实施的大部分 PPP 项目中，后两者是最主要的回报来源。因此一旦发生财政风险，地方财政的各种支出就会出现困难，极大地影响项目的顺利运营。

（5）程序不合理。政府虽然推行第三方项目论证，但是第三方有时存在独立性不强的问题。调研中发现一些咨询公司在接受政府委托做项目物有所值的论证时，多是依据政府意愿做论证，一些政府在现有选择意愿的情况下邀请第三方做论证，第三方在论证结果不满足政府意愿的情况下会选择更换论证方式和条件直到结果满足物有所值要求。

（6）执法不严。执法不严涉及依法治理问题，存在部分政府投资项目为赶工期，在相关手续不完备的情况下就开工建设，容易导致项目投资超预算，且一旦遇到突发状况或受到其他因素影响，项目将无法继续实施。例如，有些城市存在断头路现象，项目开工后，工程进展到一半，遇到"钉子户"，对搬迁补偿达不成一致，结果路只能修一半。如果能够严格按照法律程序进行审批和建设，就不会出现上述工程无法正常施工的情形。

（7）配套基础设施不完善。相应的项目配套设施不完善，将导致项目的运营受到负面影响。具体来说，可能包括垃圾转运站不配套、垃圾无法进入焚烧厂、污水处理厂配套管线不完备以及进入厂区的道路未开通等。

（8）实施竞争性的项目。当 PPP 项目建成移交后，由于某些原因，政府可能会批准建设与该项目具有直接或间接竞争关系的其他 PPP 项目，这将大大影响原 PPP 项目的利润，从而降低建设原 PPP 项目的社会资本的盈利水平。例如，在个别地区，政府通过 PPP 项目建成垃圾焚烧处理厂后，仍旧利用现有的垃圾填埋场填埋垃圾或继续建设经营性质的垃圾填埋场，从而导致通过原 PPP 项目建设的垃圾焚烧处理厂的垃圾处理量严重不足，最终使得该项目的收益远远低于预期，甚至产生亏损①。

第三节　政府与企业合作信用风险防范与化解

PPP 项目是由政府和社会资本方新组建的项目公司（SPV）实际建设运营。所涉及的企业主营业务收入是指投资公司的主营业务，而不是 SPV 的主营业务。政府选择社会资本方企业的前提是已经认定该企业主营业务收入是稳定的，企业的投融资能力、偿还贷款能力没有问题，对新的 PPP 项目合作不会带来影响。

① 余群舟．基于风险分担的垃圾焚烧 BOT 项目特许期政府决策［D］．武汉：华中科技大学，2012：49.

一、信用风险防范

PPP 信用风险管理目标的前提是，项目本身的存在是为了能够给参与项目的相关利益者提供价值。而项目在实际运行过程中会存在很多不确定性，这些不确定性可能会带来风险，也可能会带来收益；可能会使价值消失，也可能带来价值升值。有效预防应对这些不确定性以及 PPP 项目运行中的风险，可以增强 SPV 公司创造价值的能力①。有效的风险管理有助于 SPV 公司实现预期目标，并避免项目在实际运营过程中出现意外风险。PPP 项目信用风险产生有其自身运行过程中的因素，也有外部因素。

PPP 项目内部风险管理贯穿整个项目运行过程，是一种动态的管理过程，受到 SPV 各层面各部门以及管理者个人能力和素质的影响。这种内部风险管理的目标要与相关利益者的目标保持一致，并且要遵守相应的政策、法律法规，受到外部环境的影响。

我国 PPP 发展基础相对薄弱，现有的政策、法规等外部环境还不足以满足 PPP 发展的需要。相应的外部环境完善也是有效预防和管理 PPP 信用风险、保障 PPP 顺利有效实施的条件。

我国对政府部门的信用约束不健全。PPP 项目一般具有投资额度大、运行时间长、各方参与主体复杂的特点，追求的是长期的合作共赢。如果政府和投资者的合作模式不出现大的波动，那么该模式就必须是各方利益平衡的产物，如果达不到平衡，就会产生失衡，因而不具有可持续性，因此，在 PPP 项目实施的过程中，要兼顾合作各方的利益，努力实现共赢。面对这种情况，PPP 参与各方需要严格约束自身行为。契约精神与合作精神是合作得以长期进行的基础。采用 PPP 模式提供公共物品，需要政府和社会资本将两种资源进行有效的组合，对于政府部门来说，政府信用主要体现在政府提供的各种承诺，其中包括政府承诺投入公共资源，以及贯彻政府行为规范制度。政府部门的失信行为将使政企合作的交易费用大大提高，社会资源由于被投入非生产性领域而产生极大浪费。张碧波（2015）指出，在中国公私合作的发展实践中，针对政府部门的监督机制和约束机制尚不健全，尤其是在签订合约之后，后续问题往往要通过双方谈判解决，而这时候私营部门往往处于被动地位。

---

① 中国石油天然气有限公司内控项目建设委员会．COSO 企业风险管理框架与应用方法［M］．北京：石油工业出版社，2005.

综上所述，应从以下三个方面进行风险防范。

1. 政府本身应防止失信

为了避免失信，政府应做到以下几点：首先，政府要增强法治意识，依法行政；其次，建设的项目要与当地的经济社会发展情况相适应并在可预见的未来具有稳定的收益；再次，政府不仅要利用传统的项目评估方式，还要充分利用物有所值等新型评价方式，对项目进行严格的前期论证；最后，政府在对项目做出相关承诺时，应充分考虑长期的变化因素的影响。

2. 社会资本应做好对政府的调研

社会资本对政府的调研，主要包括以下几个方面：首先，对投资环境进行风险评估。具体来说，投资环境包含当地财政经济实力、政府效率、消费水平、基础设施、法律环境等。其次，对项目运营及商业模式的可行性进行分析。不可盲目地依赖于某种政府内部的人际关系，谨慎对待高投资回报的项目。最后，通过签订合约来控制风险。PPP 项目的法律关系比较复杂，需要签订相关的合同，以明确各方责任，防范政府信用风险。

3. 政府要全面评估社会资本

政府对社会资本的评估，主要包括以下几个方面：首先，政府应详尽分析各社会资本投资方的优劣势，并在此基础上，参照项目性质来选择合适的合作方。其次，政府应客观评估各社会资本投资方的融资能力，并在此基础上，兼顾项目要求和建设成本来选择合适的投资方。最后，遵循公开、公平、公正原则，充分发挥中介机构的作用，避免腐败因素导致的企业信用风险。

二、信用风险化解

不可抗力风险是指行为主体不能预见、不能避免且并不能克服的风险，行为主体无法通过已有的技术或者自身经验、预先判断等来规避不可抗力风险。具体地，不可抗力风险主要包括各种自然灾害，比如地震、火灾、洪水等；各种人为事件，比如罢工；政治事件，比如战争和暴动。对于 PPP 项目来说，不可抗力风险可能会给项目造成致命打击，致使一方或双方难以继续履行合约，是一种非主观意愿导致的信用风险。

一般来说，可以通过下列措施来降低不可抗力风险导致的损失：（1）风险规避。这种规避方式主要是通过采用比较成熟的技术来规避风险。而不成熟技术的应用可能导致 PPP 项目更容易受到不可抗力的影响。但这种方式成功与否，在很大程度上取决于不可抗力风险发生的具体情况，而这种风险的程度和影响是难以在事前进行预期的。(2) 风险转移。行为主体可以通过签订契约的方式，将不可抗力风险转移给第三方，或者是转移给双方中更有能力承担不可抗力风险的一方，或者是能够以较低成本处理不可抗力风险的一方。但该措施仅对可保险的不可抗力因素有效。(3) 风险控制。行为主体可以通过采取一系列措施，降低不可抗力风险对双方利益的损害程度。行为主体可以在项目开始时制订针对不可抗力风险的应急计划，比如在项目所在场地库存一定的项目所需能源，缓解由于能源供给方受到不可抗力影响而中断供应的压力。此外，双方还可以通过在事后重新进行谈判来应对不可抗力风险。(4) 风险自留。行为主体可以通过建立针对不可抗力风险的准备金，同时进行投保。如果保险偿付不足以弥补不可抗力风险导致的亏损，行为主体用自有资金来处理相关损失。

由于不可抗力风险具有高度不确定性和致命性，如果不能得到很好的处理将会抑制社会资本投资 PPP 项目的积极性。虽然事前签订的契约可以就不可抗力风险制订有针对性的计划，但是往往缺乏灵活性。因此在 PPP 项目中引入可以在风险发生后重新进行谈判的不可抗力条款就显得十分必要。

第四章　国际经验借鉴

对于 PPP 项目来说，各方遵从合同的契约精神非常重要。虽然像英国等国家没有 PPP 法，但 PPP 依然做得很好，主要是因为遵守合同的契约精神。PPP 契约坚固与否，关键在制度。因此，有必要设计一个可预期且公开透明的政策制度。此外，PPP 模式的理想环境可以归纳为契约精神、重合同和守信用。国外 PPP 发展的经验表明，监管是否有效的关键在于合同是否有明确的规定。例如，在特许权协议中，通过明确规定双方的责任与义务、违约与风险应对事项，深化涉及公私方的利益条款，从而在出现问题时有法可循。因此，制定相应的合同范本具有非常重要的意义。

第一节　稳定的政策预期与长远投资规划

国外 PPP 项目之所以成功，首先需要稳定的政策预期和长远的投资规划。

一、稳定的政策预期

在任何 PPP 市场中，投资者都期望能出台一份体现强烈政治承诺、内容明确且一贯执行的 PPP 政策文件，以确保投资者能够在较长的投资期间获得稳定的预期，降低合同违约冲动。而且该 PPP 政策文件应明确政策驱动力，设定行业优先顺序，确定 PPP 交付模型。例如，最早实施 PPP 模式、具体采取私人融资（PFI）方式的英国，出台了四份政策文件，分别是《应对投资挑战》（2003）、《加强长期伙伴关系》（2006）、《基础设施采购：实现长期价值》（2008），以及《PPP 新模式》（2013）。这四份文件明确了英国政府的 PPP 优先顺序以及 PPP 驱动力，使得 PPP 投资获得了良好的稳定预期。

二、长远的投资规划

多数拥有成熟 PPP 市场的国家都制定了 PPP 项目或基础设施规划，明确政府的长期投资计划，这些国家规划在制定时通常会考虑其他一些计划，如明确了一系列潜在项目的特定行业（铁路、能源、医疗等）五年投资规划。政府可以利用基础设施规划或优先顺序表来向私营部门展现其投资规划，同时表明其顶层政治承诺，如英国 2014 年颁布的《国家基础设施规划》。投资规划必须在适当时机谨慎地进行颁布，以避免被简单地视为缺乏信用度和连贯性的项目愿望清单。

根据国家战略规划而制定的真正意义上的国家基础设施规划可以带来多方面的益处，如可以保证国家优先实施恰当的项目，使政府支出实现最大的物有所值；可以推动政府以“联合”的方式促进发展；可以吸引国内外投资者；为跟踪项目交付和责任提供焦点等。

高质量的规划一般不会在整个项目过程中全都使用 PPP，而是会列出投资规模、公私投资之间的关系以及政府希望在规划的哪些部分采用 PPP。巴西米纳斯吉拉斯州政府制定的规划以及印度国家高速公路发展计划都是此方面的优秀范例。

投资规划及其中列出的项目顺序安排，可以鼓励更多的优秀投资者投标：考虑到准备投标的成本，PPP 项目比一次性投资项目更能吸引投资者。若一个项目能够提供多个投标机会，则投资者就有了更多竞标成功的可能，还能将准备投标的总费用分摊到各个投标机会中。清晰的项目顺序安排既能保证各个公司的参与度，又能鼓励各个公司投入生产能力和生产设备。

第二节　合同签订前期谨慎选择

降低合同违约风险，还应从项目准备阶段和立项阶段，就进行项目识别，防止不适合 PPP 模式的项目立项，从而实现从源头把握违约风险。目前，我国从部委到地方政府，已经有了大量的 PPP 项目储备库。在准经营性项目和非经营性项目中，有一些项目存在缺乏稳定的现金流、自身盈利性较弱、收益无法覆盖成本的情况，这些项目由于缺乏使用者付费的基础，如果没有创新多方协调好的模式作为支撑，即使开工也容易产生不可控风险。其实 PPP 模式在其最佳实践的英国、加拿大等国家，在公共基础设施等领域占比也不是很高，也就是说，PPP 这种模式应应用在满足一定条件的项目上。

一、物有所值评价和财政可承受能力评估

以澳大利亚为例，该国对 PPP 项目的要求至少包括以下几个方面：第一，项目具有适当的规模、价值以及一定的设计与技术创新空间；第二，政府可以利用项目实现风险的转移和分散，而私营部门可以从经营副业和配套设施中获取利益；第三，项目所有者可以平衡公共部门和私营部门之间的需求利益关系，同时具有较高的项目实施能力①。

除了这些明确的 PPP 项目要求外，对于一个基础设施项目或者公益事业项目，到底是采用传统的政府采购，还是采用 PPP，才更有利于降低项目违约风险，英国和加拿大都在 PPP 项目评估中选择坚持“物有所值”（Value for Money，VFM）原则，即在实施工程项目或购买服务、货物时，不仅要关注价格因素，还要关注质量、对社会环境的影响、供应方案的可靠性和投标者业绩等。为了对物有所值原则进行定性定量评估，通常将公共部门比较值（Public Sector Comparator，PSC）当作 PPP 项目的评价基准。所谓公共部门比较值主要是指在整个生命周期内，政府通过传统模式提供公共服务或产品所产生的运营建设成本、竞争性中立调整成本、自留风险和可转移风险承担成本等全部成本的现值。因此，政府在推行项目 PFI（私人主动融资模式）/PPP 模式前，首先要对项目进行充分细致的调查分析，以判断该项目是否适应 PFI/PPP 模式。物有所值原则常用于选择项目的偏好模式、融资方式、投标人偏好，尤其在投标评估由多个参数（如成本和质量）决定的情况中。

当然，在具体的实践过程中，PSC 的设定更加精妙和复杂。通过 PSC 的比较，划定了市场与政府的边界，确定了 PFI/PPP 适用范围的操作办法，避免一些不适合 PFI/PPP 的项目硬性采用这一模式（戴正宗，2015）②。

2014 年 11 月，我国财政部发布的《政府与社会资本合作模式（PPP）操作指南》显示，物有所值评价和财政可承受能力评估，是我国 PPP 项目识别过程中两个非常重要的程序，只有通过这两个评估的项目才能进行项

① 杨光．澳大利亚政府与私人企业——在 PPP 融资模式中取得双赢［N］．中国财经报，2014－02－11（008）．

② 戴正宗．澳大利亚——PPP 完胜政府采购［N］．中国政府采购报，2015－01－20（004）．

目准备和立项。做好财政可承受能力评估，能够确保社会资本方在政府付费的项目中收到回报和拿回本金。

二、英国严格的审查和审批制度

英国对 PPP 项目的审查和审批，在防范 PPP 信用风险中起到了良好的作用，值得借鉴。一般来说，成功实施过基础设施项目的国家，往往会采用标准化的项目实施方案制订方法，要求采购部门明确阐述项目的内容、缘由、成本/效益、支付方式、采购方式、管理方式。项目实施方案应由负责的政府部门编制，编制过程中各个阶段应接受审批，除此之外，通常会采用某一方法测试项目是否物有所值以及该项目是否更适合公共或私人融资。

这些方法能够带来双重益处：第一，确保采购机关适当地开发、规划项目并开展采购；第二，确保中央审批机构能够对项目实施方案进行评估并决定是否通过。

在英国，一个项目实施方案通常涵盖战略、经济、财务、商业和管理五个“计划”。实际上，这一方法用于英国所有重大项目，不论是 BOT 模式项目、特许权项目还是民间融资项目。

在英国，项目周期中的三个关键时间点需要接受中央审批：一是在项目起步时，确定整体战略（战略计划大纲）；二是在进入市场之前，确定项目已准备充分且能带来物有所值（实施方案大纲）；三是合同签订之前的融资结束时，确定最终物有所值价值和可负担性（最终实施方案）。

实际上，审批流程的核心正是“物有所值”这一原则和理念。物有所值起源于英国，是将各种选择进行比较的相对概念（但经常遭到误用）。英国将物有所值定义为“满足用户要求的商品或服务在整个项目周期中成本与质量（或适用性）的最佳组合方式”（英国财政部 2006 年文献）。物有所值着眼于整个项目周期中不同产出交付方式的成本和风险，在很多方面与成本效益分析息息相关。

第三节　完善的项目文件、合同与采购指引

国际 PPP 项目的一个成功因素是存在完善的合同指引。这方面涉及完善的项目文件以及合同指南，合理分摊风险与增加透明度的规定，开放、平等和透明的采购实践。

一、完善的项目文件以及合同指南

采用标准项目文件和合同能够提高整个项目周期的质量，降低交易成本，为实行 PPP 政策提供平台，确保整个项目过程具有更高的透明性和一贯性。

英国出台了 PPP 标准合同《私人融资项目标准化合同指引》，目的在于：首先，提高对于标准 PPP 项目主要风险的一般认识；其次，使一系列相似项目保持项目方法和定价的一致性；最后，使各方遵循标准方法，无须进行协商，降低协商时间和成本。

英国 PFI 标准合约遵循如下几条基本原则：一是当局将资产或服务的责任与风险转嫁给承包商；二是承包商承担 25～30 年的义务；三是承包商建立、管理、融通和维护资产，提供生命周期服务；四是放债人基于有限追索权为承包商提供资金；五是政府机关为可以利用和可接受的服务支付整体费用；六是一份单一的私人融资合同可以调节这些关系。

总体来说，PFI 合同架构主要包括如何引入民间资本、资金来源、项目及其设施的运营与维护三个方面。英国 PPP 项目的实际运作只需签订一个 PPP 合约，商定相关事宜即可执行生效，并不需要专门的政策措施和法律文件来再行规定，这得益于英国案例法传统的灵活性和完善的法律制度。与此同时，标准合同还对所有权变更、合同违约、提前终止、重新招标采购、事后补偿、法律变更、服务变更等情况做出相应规定。

PPP 项目多涉及公共事务领域，运营周期漫长，当前中国包括城市版图在内的经济社会发展迅速，在项目运营过程中往往会出现各种意外，迫使政府不得不做出应对和调整。因此，在合同文本中，一定要留有余地，设计条款时考虑到可能出现的各种意外情形，并照顾公众、政府和社会资本的多方需求，对可能出现的多种情况加以描述和处理，以免出现无法协商解决导致违约的情况。这里以美国加州 91 号快速路为例来说明其必要性。

20 世纪 80 年代末，加州 91 号公路是连接河岸县居民区和橙县商业中心的主要道路。到了 20 世纪 90 年代初，由于经济的快速发展，城市面积大幅扩张，人口急剧膨胀，91 号公路也因此变得异常拥堵。为了缓解道路拥堵状况，加州政府决定建设 91 号快速路。

1990 年 12 月，私营合作方（California Private Transportation Company，CPTC）与橙县交通局、加州交通部共同就建造 91 号快速路项目达成共识，并在此基础上签订了一份特许经营合约，根据合约规定，91 号快速路项目将在现有 91 号公路的基础上增加双向共四条收费车道，该项目的融资、设计、建设、运营与维护等事宜全部由 CPTC 来负责，项目特许经营期为 35 年，期满后将无偿移交给加州政府，但在特许经营期内，CPTC 将独享全部项目收益。该项目在花费约 1.3 亿美元后，最终于 1995 年 12 月顺利建设完成并投入使用（李洁等，2015）①。

在 91 号快速路投入使用的最初几年，当地的交通拥堵状况得到了极大的改善，与此同时，私营合作方也获得了可观的经济收益。当时，在国际上的高速公路特许经营项目中，私营合作方经常在合同中制定一条排他性条款，这对保护项目的合理收益至关重要。在签订 91 号快速路项目的特许经营合同时，私营合作方也制定了一条非竞争性条款，即在 2030 年以前，加州政府不得单方面在该项目沿线两侧一英里半的范围内拓宽、升级现有的道路或者新建具有竞争性的道路。

随着经济的持续繁荣，91 号公路上的交通出行量不断上升，到 20 世纪 90 年代末，加州政府不得不又一次面对日益严峻的交通拥堵问题。1991 年 1 月，在当地民众的强烈要求下，加州政府决定在 91 号公路旁新建一条连接附近公路的车道，以便解决棘手的安全问题和交通拥堵问题。然而，就在加州交通部批准新项目 2 个月后，私营合作方以新项目违反了 PPP 合约中的排他性条款的名义，直接对加州政府提起了诉讼，要求加州政府赔偿损失。最终，经过多次协商，加州政府花费将近 2.1 亿美元回购了 91 号快速路项目，并在 2003 年由橙县交通局列为一条收费公路。

在该案例中，虽然最后以政府回购的方式提前终止了该项目，但为了解决排他性条款的问题，项目造价多花费了将近 8000 万美元。考虑到 PPP 项目的运营周期一般都比较长，相关的不确定因素也比较多，因此，在签订相关的合约时，为了更好地维护社会公共利益，应该为将来的发展变化预留调整或协商的空间。

二、合理分担风险与增加透明度的规定

由于项目的范围与限制不同，不同的 PPP 项目的风险分担情况也会有所不同，因此，PPP 项目的风险分担并不是一成不变的，而是在不同项目的基础上综合考虑各种因素的结果。如果想要合理分担风险，就要将风险

① 李洁，刘小平．国际工程成败之间［J］．中国外汇，2015（10）：22－24.

分配给能产生最大项目效益且最有能力承担风险的一方，之所以如此，主要是因为这样能有效地控制风险。例如，由于管理项目在建设与运营过程中的风险控制成本较高，因此需要私营部门与政府进行充分的沟通。

当然，政府一定要精确掌控项目的风险预期，这主要是因为部分项目的风险虽然是由私营部门分担，但当项目的资金出现问题时，政府依然需要对私营部门提供融资支持，以便帮助其顺利渡过难关。因此，不管是私营部门还是公共部门，都需要对项目的风险有清晰的认识，并在项目开始前就制订相关的问题预案。同时，为了确保各合作方充分认知相关风险，以便推动项目的顺利实施，政府部门也需要逐步提高项目风险的透明度（杨光，2015）①。

英国塞文河第二大桥 PPP 项目就通过项目风险分担成功地克服了诸多历史遗留困难，得以成功实施。由于塞文河将威尔士与英格兰一分为二，两岸交通多有不便，为了解决这一难题，塞文河第一大桥于 1966 年建成并投入使用，但到了 20 世纪 80 年代中期，随着交通出行量的逐步增长，第一大桥已经开始不能满足当地民众的出行需求，因此，英国政府决定通过引入社会资本，采取 PPP 模式来建设、运营和维护塞文河第二大桥。塞文河项目于 1984 年启动前期准备工作，1986 年确定项目建设方案，1992 年项目建成并投入使用。根据塞文河大桥公司的统计，项目总建设成本约为 5.81 亿英镑，其中包含特许经营期内两座大桥的维护和运营费用、塞文河第一大桥的剩余债务和第二大桥的债务。塞文河大桥公司的收入来源主要是两座大桥的过桥费，且大部分收入都用于维护、运营和完善两座大桥。当然，为了消除通货膨胀的影响，过桥费每年都需要根据 1989 年以来的物价指数情况进行调整。

随着时间的推移，塞文河第一大桥逐渐老化，并从成本、收入和交通方面对第二大桥造成潜在的威胁，因此，需要对其进行保养维护。经过协商，决定由特许经营方对其进行保养维护，但由于这种情况会对其产生额外的风险，为了减轻特许经营方的运营压力，排除一些无法控制或难以预料的不利因素。因此，恶劣的天气条件、交通流量高于预期、桥梁初始设计或建设施工质量差等情况除外。

合理分担 PPP 项目风险意味着公私部门之间必须利益透明、充分沟通。

---

① 杨光. PPP 模式成功关键在于风险管控［N］. 中华工商时报，2015-09-25.

澳大利亚 PPP 模式中，每个 PPP 项目合约签订前，政府部门和私营部门会按照利益透明、充分沟通的原则进行反复、深入的协商，并根据双方在项目中的权益来明确各自应承担的责任和风险。通常来说，在公益事业或基础设施建设领域，私营部门主要承担建设和经营责任，公共部门主要承担土地风险。政府主要通过法律途径对私营部门进行监督与管理，并与私营部门共担风险、确权分利，从而实现双赢。例如，澳大利亚的维多利亚州监狱就是完全根据政府的要求进行设计、建造、施工和经营管理的，由于采取的是 PPP 模式，因此，政府直接对私人经营管理者付费。在监狱监管方面，维多利亚州政府对相关指标进行了量化，即如果监狱所收押的犯人的返回率下降，那么政府就给予私人经营管理者适当的奖励，因为政府认为是监狱的教育使这些犯人改邪归正、重新做人，从而保障了整个社会的安定繁荣。

私人投资者参与 PPP 项目的动力主要包含两个方面：一方面是为了使私人投资者在项目建设过程中有一定的收益，政府部门主动让利给私人投资者；另一方面是如果项目符合政府的相关需求且投资风险较小，那么就可以通过政府付费而获取收益。例如，在墨尔本皇家儿童医院项目中，经过私人投资者与维多利亚州政府的协商谈判，项目建设完成并投入运行后，政府有义务将旧医院交给私人投资者自行改造利用，但这块土地和不动产的产权仍然归政府所有，经旧医院改造后的超市或旅馆涉及的税收项目将享受一定的优惠，且所得收入全部归私人投资者所有。这既有利于私营部门解决投资盈利的问题，又有利于解决政府部门因公共事业而产生的财政资金不足的问题，从而实现了私营部门和政府部门的双赢（杨光，2014）①。只要保证透明度，很多复杂的利益协调就能得以保证和实施，从而通过因地制宜的模式创新实现 PPP 项目的顺利完成。

三、开放、平等和透明的采购实践

英国等成功实现 PPP 项目的国家的经验说明，以开放、平等和透明的方式进行招标，对提高良性竞争、吸引投资、实现最大化物有所值至关重要。此外，政府若要吸引海外投资者，就必须对外国竞标者和本国竞标者一视同仁。在欧洲，欧盟法律保证所有欧盟国家对基础设施项目享有相同

① 杨光．澳大利亚政府与私人企业——在 PPP 融资模式中取得双赢［N］．中国财经报，2014－02－11（008）．

的机会和待遇。这在 PPP 国际化程度较高的一些国家具有重要的意义。未来，随着我国 PPP 国际化程度的提高，开放、平等和透明的原则在 PPP 实践中会越来越重要。

第四节　法律保障和争端处理

国外成功的 PPP 项目往往需要良好的法律保障和争端处理机制。这里有必要对此进行专门的讨论和分析。

一、法律规范

一般来说，PPP 项目涉及的利益主体相当多元，建设和运营周期也比较长，不可预测的因素也非常多。PPP 项目能否成功运行与国家层面的法律和执行有很大关系。如果没有相关的法律法规来保障 PPP 项目的实施，那么就可能产生许多难以解决的问题。这既影响私营部门投资 PPP 项目的信心，又不利于政府部门提供稳定的公共服务和产品。国际 PPP 项目的发展经验表明，制定完善的法律法规是 PPP 项目顺利实施的保障。例如，韩国出台的《PPP 法》确定了 16 个部门中的 48 种基础设施适宜使用 PPP 模式。虽然英国、澳大利亚等国家没有针对 PPP 模式出台专门的法律，但却制定了详细的实施细则，为 PPP 项目的成功运行提供了切实的制度指南。澳大利亚基础设施局（Infrastructure Australia，IAU）制定了完备的公私合作指引，并将决策过程划分为投资决策和采购决策两个阶段。其中，投资决策阶段主要是评估项目的财务可行性与经济合理性；采购决策阶段主要是判断公私合作模式在风险分担、运营管理、服务质量、工期、投资与运行费用等方面是否优于传统采购模式（高群山，2015）。

为了保障 PPP 项目的顺利运行，加拿大分别出台了地方性、全国性的法律和相应政策，同时，各级地方政府也不断完善 PPP 项目采购程序。其中，英属哥伦比亚的 PPP 立法最为典型和完善。目前，《PPP 公共部门物有所值评估指引》和《对应公共部门成本——加拿大最佳实践指引》是加拿大 PPP 项目实施的主要依据。有些国家法律不完整，或者法律难以执行，因而限制了 PPP 模式的发展。例如，PPP 模式虽然在印度推行了一段时间，但由于没有在联邦层面出台相关的 PPP 法律法规，导致 PPP 项目在实施过程中出现了一定程度的信息不畅和区域差异。

相较于西方发达国家，我国 PPP 立法工作还比较缓慢，在将来出台的

《特许经营法》中，应当明确 PPP 的应用范围、利益纠纷处理办法、风险分担、合同框架、流程管理、审批权限和退出机制。此外，为了吸引私人资本投资 PPP 项目，政府部门应结合自身发展的实际，完善相关的优惠政策、配套设施、投资回报保障等①。

二、法律仲裁和争端处理

成功建立 PPP 市场的国家的最佳案例表明，只有在私营部门相信公共部门能够遵守协议条款，并且一旦出现争议，其能够拥有公平的申诉机会时，私营部门才会参与到这些基础设施项目投资中，与公共部门签订长期合同。此外，私营部门承包商应有信心，公共部门不会擅自修改双方签署的合同。一些政权通过改变法律来干预已经签订的合同，或者授权公共部门通过重新国有化或其他途径拿回已有私人融资建设的基建，私营部门承包商会密切关注这些政权的相关历史。投资人可能会觉得普通法系辖区会更好适应——如合同中所证明的那样，双方之间签订的协议通常会被认为是最高准则，同时这些辖区法律体系的一个前提设定是新的立法不会对已经达成的协议有溯及效应。

此外，国际投资者更加放心对法庭和司法系统能够依法独立行使审判权的国家进行投资，因为如果诉诸法院，在上述国家，即便被起诉方是公共团体或国家机构，投资者也有可能享有公平起诉应诉的机会。倘若没有以上条件，贷款人通常会将争议提交给独立于国家司法管辖区之外的中立法庭进行解决，同时也希望上述法庭做出的判决在相关管辖区内具备法律效力。

为了列出 PPP 争端解决的过程，中国香港、澳大利亚和英国的一些州设有专门的争端解决指南。例如，2007 年，英国在《PFI 合同规范化第 4 版》的第 28 章中列出了争端解决的相互协商、专家建议和法律仲裁三个阶段，且这三个阶段是随着争端的严重性不断递进的。

当然，在中国香港和澳大利亚以及英国，涉及 PPP 项目的纠纷一律被归类为商业争端，一般采取仲裁的方式予以处理。例如，1984 年的《商业仲裁法案》（*Commercial Arbitration Act* 1984）就是澳大利亚处理 PPP 项目纠纷的仲裁依据。但在我国的 PPP 项目争端处理过程中，仲裁的处理方式仍然存在着诸多法律争议。《中华人民共和国仲裁法》（以下简称《仲裁

---

① 陈伦盛. PPP 模式运用的国际经验与中国启示［J］. 北方经济，2015（7）：78－80.

法》）第二条规定“平等主体的法人、公民和其他组织之间发生的合同纠纷和其他财产权益纠纷，可以仲裁”。第三条规定以下纠纷不能够仲裁：有 PPP 项目的特许经营权合同，满足《仲裁法》的积极条件；PPP 项目有行政机关的参与，但满足《仲裁法》的消极条件；依法应当由行政机关处理的行政争议。总之，PPP 项目的可仲裁性仍存有诸多争议。

总言之，在对 PPP 项目的争端进行处理的过程中，我国现行的相关政策还缺乏高效的处理方法，尤其是相关的法律法规在是否可仲裁等问题方面还存在着自相矛盾的地方。因此，我国应该尽早出台相关的争端处理政策，完善争端的解决方式方法，并且对《仲裁法》中有关 PPP 项目的矛盾成分做出法律解释（黄腾等，2009）①。

第五节　建立专业的项目管理协调机构

建立专业的 PPP 管理协调机构是 PPP 运用较为成熟国家（地区）的通行做法。通过建立专业的 PPP 管理协调机构，使得政府在 PPP 项目运营过程中担负起主要的监管职能，监管过程贯穿社会资本运营管理期，及时发现处理有关状况，从而能够较好地减少项目信用风险。

“基础设施英国”（Infrastructure UK，IUK）是英国财政部下设的管理 PPP 项目的专门机构，它的制度框架如下：中央 PPP 单位是 IUK，下辖地方 PPP 单位以及直辖具体领域的 PPP 项目部门（比如教育、健康和交通等），在每个具体领域的 PPP 项目部门下设立 PPP 项目采购单位（负责具体项目的识别、选择、准备、采购和监督），在每个 PPP 项目采购单位下再细分中央项目和地方项目；单设一个国家审计办公室（National Audit Office）负责 PPP 项目审计；单设地方 PPP 政策单位（比如威尔士、苏格兰和爱尔兰）。

① 黄腾，柯永建，李湛湛，王守清．中外 PPP 模式的政府管理比较分析［J］．项目管理技术，2009（1）：9－13.

表 4-1 一些成熟市场经济国家的 PPP 中心

国家	英国	加拿大	澳大利亚
成立时间	2010/2009 年	2008 年	2008 年
组织名称	英国基础设施局/地方合作伙伴关系	PPP 加拿大	澳大利亚基础设施局
职责	为所有公共管理部门提供 PFI 的专业管理；为地方政府提供技术与评估服务；制定标准化的 PPP 合同	审核联邦层面的 PPP 项目；制定相关的政策并提供技术支持；联合其他单位共同推广 PPP 模式	该机构面向澳大利亚的整个基础设施领域，负责全国各级政府基础设施建设需求和政策，其核心业务不局限于 PPP，推广 PPP 是该机构的部分职能

2008 年，为了对 PPP 进行有效的管理，澳大利亚分别设立了全国性和地方性的机构。其中，澳大利亚基础设施局（Infrastructure Australia，IAU）是全国层面的 PPP 管理机构，其主要负责发布重大基础设施计划，并管理、审批全国的 PPP 项目。另外，由教育、医疗、交通和财政等相关部门专家担任委员的州政府 PPP 项目指导委员会是地方性的 PPP 管理机构，其主要负责地方 PPP 项目的决策及实施管理，同时负责具体政策的制定和执行。

为了推广 PPP 模式，1993 年，加拿大政府设立了一个非党派、非营利性组织，即 PPP 国家委员会（CCPPP）。该委员会致力于推动政府在提供公共服务和建设基础设施的时候采用 PPP 模式，其成员广泛地来自私营部门和公共部门①。此外，加拿大还将 PPP 中心划分为联邦 PPP 中心和省级 PPP 中心。

联邦 PPP 中心成立于 2009 年，隶属于加拿大财政部，其组织机构包含董事会以及董事会下设的融资、风险与管理部、投资部、战略与组织开发部和项目开发部。其中，董事会由 7 位社会资本代表组成；融资、风险与管理部主要负责 PPP 项目的后期实施；投资部主要负责 PPP 项目的前期实施和调查；项目开发部主要负责 PPP 项目的识别、筛查和商业案例分析；战略与组织开发部主要负责 PPP 项目的市场开发。联邦 PPP 中心的主要职责是参与 PPP 项目的具体实施与开发，同时协助政府宣传和推广 PPP 项目模式。另外，根据加拿大政府的规定，联邦政府实施的所有 PPP 项目

① 裴俊巍，包倩宇．加拿大 PPP 法律、实践与民意［J］．中国政府采购，2015（8）：49-57.

都必须取得加拿大 PPP 中心的适用性评估意见。联邦 PPP 中心的业务主要包括推动省、市等各级政府 PPP 项目的实施、推动联邦层面 PPP 项目的实施和 PPP 知识的推广与研究。其中，推动省、市等各级政府 PPP 项目的实施主要包括对申请新建设基金和 PPP 基金的项目进行评估；推动联邦层面 PPP 项目的实施主要包括挑选适当的 PPP 项目并提出对策建议；PPP 知识的推广与研究主要包括推广样板工程、调研与开发等。当然，除了联邦 PPP 中心外，加拿大还有省级 PPP 中心，省级 PPP 中心的功能主要是在联邦 PPP 中心的指导下负责实施当地的 PPP 项目。目前，萨斯喀彻温、纽宾士域、卑诗、魁北克、安大略和阿尔伯达等省都建立了省级 PPP 中心。

世界银行曾经认为，政府在履行 PPP 项目的职能时，一般都存在着相关信息不全、交易成本过高、专业技能缺失、部门间协调不够、招标采购动力不足等机制性失效的问题，需要建立相应的 PPP 中心进行弥补。建立 PPP 中心对于 PPP 项目信用风险防范具有直接作用。

第六节　经验启示

对比英国的情况，我国当前开展公共设施建设项目的主要问题是市场发育不足、法律制度不健全导致项目建设、运营和维护的市场化程度日益下降；同时，政府权责不明、大包大揽，不断地设立国有企业（政府平台公司）来帮扶，其间利益交织，最终所有的风险都集中在政府身上难以脱身，成为日益沉重的包袱。英国 PPP 给我国的启示主要在于：

一、培育市场主体

英国政府注重加大市场主体的培育深度和宽度，为下一步的基础设施和公共服务提供基础。这方面首先要厘清政府的职责所在，然后放手把市场能做的交给企业来建设、运作和经营，最后在政府和市场的模糊地带建立政府和企业的协商平台和机制来共同推进项目的进度。当务之急是要尽快让企业脱离政府成长起来——现有的政府平台公司可以考虑通过引入战略投资者参股或私有化来强化市场经营的激励，真正把地方政府债务的黑洞堵上并逐步实现地方政府债务的公开透明化，由此强化政府和企业两个市场主体的社会信用意识，进而提高 PPP 项目的市场化程度。

二、完善法律框架

英国政府重视建立自上而下的法律和制度来为新的 PPP 项目的开展提

供依据和保障。首先，在中央层面要有一个专门的机构或单位来统筹管理所有的使用中央财政资金的 PPP 项目，并在地方设立监管使用地方财政资金的 PPP 项目。其次，要从财政预算的角度为 PPP 项目的 20～30 年项目期限的时间跨度做好项目资金偿付准备，为此需要改革现有的财政预算制度，编制中长期财政预算，加强政府的资产负债管理。最后，尽快出台 PPP 项目的合同范本、法律指引和相关纠纷、突发事件的处理程序手册来统一规范 PPP 项目的运作，厘清操作程序，加强项目风险管理。

三、发展金融市场

英国政府注重培育专门的 PPP 项目融资、股权转让的金融市场。一方面，通过该金融市场提高项目资金的流动性，解决投资人的资金周转和退出问题；同时，通过该市场鼓励社会资金的参与，扩大投资群体，提高项目资金来源的稳定性。其中，最关键的是 PPP 项目公开、透明、合理的市场定价和与之相关的投资回报机制设计，这需要设计新的金融产品来匹配市场投资者的偏好和项目资金的要求。当前，保险资金和社保资金正在寻找出路，其资金规模大、要求回报低，能满足很多 PPP 项目资金需求量大、项目回报低的特性，只要能设计出一款金融产品解决保险资金和社保资金的到期偿付保证问题，就可以解决 PPP 项目要求的稳定的资金来源难题。

总之，无论是否立法，政府部门守信用、重合同是 PPP 项目顺利实施的关键。通过标准合同的设立，使得 PPP 项目将风险转移的平衡实现最优化，提高合同的质量，减少谈判和采购的时间与成本，实现项目的统一性和一致性，才能有利于 PPP 项目的统一管理、监督和指导。

第五章　政府与企业合作信用风险主要影响因素识别与评估

由于PPP项目建设运营周期较长，在建模建设运营期间存在大量的影响因素关系到项目能否顺利进行，甚至成败。依据项目的内容和以往的经验，运用各种方法对尚未发生的或者即将面临的风险进行识别，对于项目风险管理、预判项目的成败具有重要意义。本部分首先对PPP项目影响因素的特点和识别方法进行概述，进而对风险因素进行归类，运用德尔菲法，确定各种定性指标的影响程度和发生概率，最后概述了建立计量模型的方法，并以此建立模型，运用样本数据来对影响因素进行显著性检验，估计参数，通过定量分析得到各类因素的影响程度，这对后续部分的责任分担和风险防范具有重要意义。

第一节　信用风险影响因素指标选取过程

由于项目建设运营的周期较长，涉及的机构较多，工艺流程、建设过程复杂多变等原因，影响因素有多变性、动态性、复杂性、周期长、隐含性等特点，各因素相互影响，风险可能从一处通过经济中各个变量进行多机制传导。目前识别PPP项目影响因素主要有德尔菲法、头脑风暴法，文献查询法。不同项目的影响因素会有所不同，应根据项目本身特点和性质选择合适的方法。

一、影响因素识别方法

影响因素识别方法分为三类：

1. 德尔菲法。德尔菲法（Delphi method）又称专家函询调查法或专家意见法，是在专家之间取得共识的系统程序，其突出特征是专家采用匿名的方式表达意见，同时在此过程中有机会了解其他专家的意见。德尔菲法采用背对背的通信方式征求专家的意见，专家只能与调查人员沟通交流，他们之间不发生横向联系，不得相互讨论，通过反复填写调查问卷，在若干轮的征求意见后，专家之间逐渐取得共识。德尔菲法可用来构造团队沟通流程、应对复杂任务或管理技术等。

2. 头脑风暴法。头脑风暴法又称自由思考法或智力激励法，其名称来源于“头脑风暴”一词，头脑风暴（brain - storming）最开始是精神病理学的用语，主要指精神病患者的精神错乱状态，后来引申为无限制的集体讨论或联想，以便激发新的设想或产生新的观念。从项目建设和运营层面来研究主要是指根据个人的经验和知识提出主张、集思广益，找到影响项目的因素。

3. 文献查询法。文献查询法是一种被广泛使用的古老研究方法，主要是整理、鉴别、搜集文献，并在此过程中研究分析已有的研究成果，以便认识相关事实和研究进展的方法。

二、影响因素分类法

从不同的角度出发观察项目的影响因素，会得到不同的分类方法：

1. 从性质方面可以分为定量影响因素和定性影响因素。对于定量影响因素主要是可以获得该影响因素的当前数据，比如利率、汇率、CPI 等，这些数据可以从国家统计局或者各大金融机构的网站上获得，有些影响因素比如项目的审批进度、公众是否反对、合同变更、气候、自然灾害等属于定性的，不可获得具体数值，而不同的影响因素对项目的影响方式和程度有所不同。

2. 从可观测性可以分为显性因素和隐性因素。显性因素是指在项目进行过程中能够直接对项目造成影响的因素，比如可贷资金受限，项目实施过程中与当地法律法规有冲突，这些因素都是显而易见的，能够直接对项目造成影响，而有些因素虽然不能够直接对项目产生影响，但是它们通过某些变量间接地对项目造成了影响，比如中国人民银行降低存款准备金率和存贷款利率，这实际上向市场释放了流动性，作为市场参与者中的一员也会受到相应的波及。与显性因素相比，隐性因素是那些潜在的，不能被即刻发现或者需要触发一定条件才会显现的因素，有时候这类因素对项目的影响是致命的。

3. 按因素来源划分。根据因素来源的不同，可以将其划分为公司政治因素、财务因素、金融因素、法律因素、宏观因素等。

三、样本与指标选取过程

在政府与企业合作项目案例选取过程中，不仅要考虑样本选取的全面性、指标选取的针对性，还要考虑样本与指标选取的可靠性。结合相关理论研究 PPP 信用风险发生机理，选取 100 个 PPP 模式改革前政府与企业签约项目。结合文献整理、专家访谈（专家来自投资公司、参与 PPP 模式企业、专业咨询机构、政府部门等）、重点案例统计分析等方式，确定信用风险影响因素指标。

1. 样本选取的全面性。本书选取 PPP 模式改革以前的政府与企业合作项目，既有失败样本，即由于政府或企业某一方的信用风险导致项目合作过程中产生纠纷，或合同提前终止，也有成功样本，即合作项目当前正常运营，或已成功移交；样本涉及的领域包括环保、水电气、路桥轨道交通以及大型基础设施建设类项目；社会资本方既有国有企业也有民营企业和混合所有制企业，样本选取涵盖领域范围全面。通过对以往政府与企业合作项目关键影响因素的汇总，总结经验，对未来双方合作中可能发生的信用风险问题能起到警示作用。

2. 指标选取的针对性。根据本书研究主题“政府与企业合作信用风险”的特点，指标的选择要能够反映出项目的最基本特征，还要坚持两个基本原则：第一，能够定性判断出样本属于成功案例还是失败案例。第二，样本指标中一定包含“成功与失败关键影响因素”，作为样本选取的最基本原则。样本指标还包括项目名称、实际建设主体、实际投资者、特许期、运行/终止/纠纷、取得成效、关键影响因素、企业性质、项目领域、项目所在地、政府签约机构、签订时间等能够反映合作项目公司基本特征的 17 项指标。这些指标的选取主要通过文献资料收集汇总，专业研究机构、实践运行中的项目公司、投资公司的调研，相关政府部门网站、法院网站、媒体网络影响重大的案例总结，以及参加培训学习后的总结等方式确定。

3. 样本与指标选取的可靠性。共收集 165 个样本，实际选取 100 个样本。实际收集的样本并不能全面反映指标信息，根据样本指标选取的两个基本原则，剔除不能满足项，最终选取 100 个样本。对 100 个样本中的“成功与失败关键影响因素”进行分类，结合该领域现有的研究成果综合分析汇总，再结合专家调研、访谈确定最终的 28 个重要影响因素指标。

第二节　影响因素的确定和问卷设计

通过调查问卷、专家打分法对各类定性影响因素的发生概率以及影响程度进行量化打分，得到项目运营建设过程中定性影响因素的一般水平，作为缺省数据；建立数学模型，运用计量统计方法对各类样本数据指标进行显著性检验，评估参数，定量分析出各类因素的影响程度。

1. 问卷设计初衷。由于影响因素有多变性、动态性、复杂性、周期长、隐含性等特点，各因素相互影响，风险可能从一处通过经济中各个变量进行多机制传导，加上很多因素是定性的，没有具体的数据和模型可供参考；另外，通过查阅大量文献，大多是通过定性分析或者诸如频率、分布等简单的描述性统计分析来对影响因素进行分析，并没有发现运用经济学模型的方法定量分析项目运行过程中各类影响因素的影响程度的。鉴于此，首先设计调查问卷，通过对专家进行调查，确定项目的影响因素。

2. 问卷设计方法。对选取的 100 个案例样本中的“成功与失败关键影响因素”进行分类，结合该领域现有的研究成果综合分析汇总，再结合专家调研、访谈确定最终的 28 个重要影响因素指标，并列示在调查问卷中。为了补足所欠缺的影响因素，特意在调查问卷中设置开放式问题，让各位专家补充。本书利用文献查询法和德尔菲法相结合的方法确定影响项目的各种因素、各因素发生的概率以及影响程度，对定性因素进行量化打分，从而得到各类定性因素的综合量化指标，以此作为标准。在问卷设计中，首先评估影响因素发生的概率，设置 5 个分值，得分越高，发生的概率越大，同时对每一个问题相应设置一个影响程度，同样有 5 个分值，分数值越大，影响程度越大（问卷设计见附录 1）。

第三节　计量经济学中经典线性回归模型概述

在经典线性回归模型中假定被解释变量 Y 是连续的，X 作为解释变量，建立回归方程：$Y = X\beta + \varepsilon$，其中 β 是待估计参数，ε 是随机误差项，代表没有观测到的变量，用矩阵可表示为

$$Y=\begin{bmatrix}y_1\\y_2\\\vdots\\y_n\end{bmatrix},X=\begin{bmatrix}1,x_{11}&\cdots&x_{1k}\\1,x_{21}&&x_{2k}\\\vdots\ \vdots&\ddots&\vdots\\1,x_{n1}&\cdots&x_{nk}\end{bmatrix},\beta=\begin{bmatrix}\beta_0\\\beta_1\\\vdots\\\beta_k\end{bmatrix},\varepsilon=\begin{bmatrix}\varepsilon_1\\\varepsilon_2\\\vdots\\\varepsilon_n\end{bmatrix}\quad(5-1)$$

线性模型的经典假设有

$$\text{A1E}(\varepsilon)=0$$

$$\text{A2 Var}(\varepsilon)=\sigma^2 \text{I}$$

A3 X 是非随机（列）满秩矩阵，rank = k + 1

（1）假设条件 1，即误差项的均值为零，说明在我们的考虑因素之外，其他因素不会对 Y 产生系统性影响。这样在假设条件 1 下，有

$$\text{E}(\text{Y})=\text{E}(X\beta)$$

（2）假设条件 2：

$$\text{Var}(\varepsilon)=\begin{bmatrix}\sigma^2&\cdots&0\\\vdots&\ddots&\vdots\\0&\cdots&\sigma^2\end{bmatrix}\quad(5-2)$$

这意味着两件事：1）同方差假设；2）没有序列相关和截面相关。

假设条件 3 可以放松到 X 是随机变量的情形，对于 X 是随机变量的回归分析中 X 非随机的回归分析是一样的。这样经典假设加上线性模型的设定就是我们常说的经典回归模型。在此基础上进行参数估计，常用的估计方法有最小二乘估计和最大似然估计。

一、最小二乘估计

最小二乘法是一种通过最小化误差的平方和来寻找数据的最佳函数匹配的方法。线性回归的最基本估计方法是 OLS（普通最小二乘估计），调整参数使得模型拟合的被解释变量和数据之间的差距的平方最小。

Min $\sum(y_i-X_i\beta)^2$，其中 β 是待估参数。

用矩阵可表示为

$$\text{Min}\,(Y-X\beta)'(Y-X\beta)$$

最优化一阶条件为

$$X'X\hat{\beta}=X'Y$$

得到参数 β 估计量：

$$\hat{\beta}=(X'X)^{-1}X'Y\quad(5-3)$$

这样就可以定义被解释变量的拟合值：$\hat{Y} = X\hat{\beta}$，残差 $e = Y - \hat{Y}$，从公式中可以看出，残差 e 是真实值与拟合值之间的差，残差绝对值越小，说明拟合效果越好；在最小二乘估计下，ε_i 是方差 σ^2 的估计量，即

$$\hat{\sigma}^2 = \frac{e'e}{n - k - 1} \tag{5-4}$$

二、最大似然估计

最大似然估计是一种以最大似然原理为基础的方法，最大似然原理可以简单表述为：假如一个随机试验可能出现 A，B，C，D 等结果，那么在仅有的一次测试中，如果结果是 A，那么我们就认为 A 出现的概率很大。一般地，事件 A 发生的概率与参数 θ 相关，A 发生的概率记为 P（A，θ），则 θ 的估计应该使上述概率达到最大，这样的 θ 顾名思义称为最大似然估计。

当我们把观测值 y_i 当作随机变量，并认为其分布由某组参数 θ 确定时，我们将 Y_i 的联合分布称作 θ 的似然函数（likelihood function）：

$$L(\theta \mid Y_1, Y_2, \cdots, Y_n) = f(Y_1, Y_2, \cdots, Y_n \mid \theta)$$

由于似然函数一般都是乘积，我们一般都会通过取对数这种单调变换将其转化为求和，以方便之后的最优化。对数似然函数（log likelihood function）定义为

$$l(\theta \mid Y_1, Y_2, \cdots, Y_n) = \ln L(\theta \mid Y_1, Y_2, \cdots, Y_n)$$

在以上假定条件下，$\varepsilon \sim N(0, \sigma^2 I)$，不同的随机误差项是相互独立的，因此得到条件似然函数：

$$l(\beta, \sigma^2 \mid X, Y) = \sum_{i=1}^{n} \left[-\frac{1}{2}\ln 2\pi - \frac{1}{2}\ln \sigma^2 - \frac{1}{2\sigma^2} \sum_{i=1}^{n} (y_i - X_i\beta)^2 \right]$$

最大化似然函数，一阶条件得到：

$$\begin{cases} \dfrac{\partial l}{\partial \beta} = 0 \\ \dfrac{\partial l}{\partial \sigma^2} = 0 \end{cases} \rightarrow \begin{cases} \hat{\beta} = (X'X)^{-1} X'Y \\ \hat{\sigma}^2 = \dfrac{(Y - X\hat{\beta})'(Y - X\hat{\beta})}{n} \end{cases} \tag{5-5}$$

比较式（5－5）与式（5－4）可以发现，对于线性模型（5－1），最大似然估计与普通最小二乘估计在回归系数上具有相同的估计量，而在方差 σ^2 的估计量上是不同的。

三、估计量的统计性质与统计检验

当线性回归模型满足基本假设条件时，其参数的最小二乘估计和最大似然估计具有有效性、无偏性和线性的性质。由 $\hat{\beta} = (X'X)^{-1}X'Y$ 可知，参数估计 $\hat{\beta}$ 是 Y 的线性组合——线性。

$E(\hat{\beta}) = E[(X'X)^{-1}X'Y] = E[(X'X)^{-1}X'(X\beta+\varepsilon)] = \beta + (X'X)^{-1}X'E(\varepsilon) = \beta$，这里利用了随机干扰项为零均值的假设条件，无偏性得证。

$$\begin{aligned} Var(\hat{\beta}) &= E[\hat{\beta}-E(\hat{\beta})][\hat{\beta}-E(\hat{\beta})]' = E[(X'X)'X'\varepsilon\varepsilon'X(X'X)^{-1}] \\ &= (X'X)'X'E(\varepsilon\varepsilon')X(X'X)^{-1} = (X'X)'X'\sigma^2IX(X'X)^{-1} \\ &= \sigma^2(X'X)^{-1} \end{aligned} \tag{5-6}$$

可以证明，式（5－6）表示的方差在所有无偏估计量中是最小的，所以该参数估计量具有有效性。

在得到估计参数之后，还需要进一步进行统计检验，以判定估计的可靠程度，具体包括参数的置信区间估计、变量的显著性检验和拟合优度检验等。（1）可决系数 R^2，这两个系数用来衡量样本回归线性对样本观测值的拟合程度。

记 $RSS = \sum(\hat{y}_i - y_i)^2$ 为残差平方和；$ESS = \sum(\hat{y}_i - \bar{y})^2$ 为回归平方和；$TSS = \sum(y_i - \bar{y})^2$ 为总离差平方和。可以证明 TSS＝ESS ＋ RSS。并且可用回归平方和占总离差平方和的比重来衡量样本回归线性对样本观测值的拟合程度。

$$R^2 = \frac{ESS}{TSS} = 1 - \frac{RSS}{TSS}$$

（2）总体线性的显著性检验（F 检验），旨在从总体上判断解释变量与被解释变量之间的线性关系是否显著。一般来说，拟合优度 R^2 越高，解释变量对被解释变量的解释程度就越高，但这只是一个模糊的判断，在统计上不能作为严格的结论。这就要求进行方程的显著性检验，即检验线性模型 $Y = \beta X + \varepsilon$ 中的 β 是否显著不为零，故

H_0: $\beta=0$，β 包含所有回归系数

H_1: β 不全为零

在原假设 H_0 成立的条件下，统计量：

$$F = \frac{\frac{ESS}{k}}{\frac{RSS}{n-k-1}}$$

服从自由度为（k，$n-k-1$）的 F 分布。因此，给定显著水平 α，根据样本求出 F 统计量的数值后，可通过与临界值相比对，来拒绝（或接受）原假设 H_0，以判定原方程总体上的线性关系是否显著成立。

（3）变量的显著性检验（t 检验）。总体线性关系的显著并不能推断出每个解释变量对被解释变量的影响是显著的，因此，有必要对每个解释变量进行显著性检验。在式（5-6）中已经得到 $Var(\hat{\beta}) = \sigma^2 (X'X)^{-1}$，用 c_{jj} 表示矩阵 $(X'X)^{-1}$ 中主对角线上第 j 个元素，于是参数估计量 $Var(\hat{\beta}_j) = \sigma^2 c_{jj}, j = 1,2,\cdots,k$，其中 σ^2 为随机干扰项的方差，在实际计算中，用它的估计量 $\hat{\sigma}^2$ 代替。这样，当模型参数估计完成后，就可以计算每个参数估计量的方差值。因为 $\hat{\beta}_j$ 服从如下正态分布：

$$\hat{\beta}_j \sim N(\beta_j, \sigma^2 c_{jj})$$

因此，构造如下 t 统计量，该统计量即为用于变量显著性检验的 t 统计量。

$$t = \frac{\hat{\beta}_j - \beta_j}{\sqrt{c_{jj}\frac{e'e}{n-k-1}}} \sim t(n-k-1)$$

针对某变量 X_j（$j=1$，2，…，k）设计的原假设与备择假设为：$H_0: \beta_j = 0$，$H_1: \beta_j \neq 0$，给定一个显著水平 α，根据 $|t| > t_{\frac{\alpha}{2}}(n-k-1)$ 来拒绝（接受）原假设 H_0，从而判定对应的解释变量是否应包含在模型中。

第四节　违背假设条件的情形

前述计量经济学模型的回归分析，是在对线性回归的模型提出若干基本假定的条件下，应用普通最小二乘法和最大似然估计方法得到了无偏且有效的参数估计量。然而，全部满足这些假定条件的情况几乎不存在，而不满足这些假定条件的情况有：（1）解释变量间存在多重共线性；（2）随机干扰项存在序列相关性；（3）随机干扰项存在异方差性。计量经济学模型一旦出现了异方差性、序列相关性，如果仍然采用 OLS 估计，就会产生一系列不良后果：（1）参数估计非有效，当出现异方差性时，其普通最小二乘法参数估计量仍然具有线性、无偏性，但不具备有效性，因为在证明其有效性中运用了式（5-2）的假定条件，异方差的出现，使得式（5-2）不再满足。（2）变量的显著性检验失去意义，在对变量进行显著性检验时，运用了 t 统计量，它是建立在随机干扰项具有共同方差而正确估计了参数方差 $\sigma^2 c_{jj}$ 的基础上的。如果出现异方差性，估计的 $\sigma^2 c_{jj}$ 将会出现偏误，t 检验将失去意义。（3）模型预测失效，一方面，上述后果使得模型不具有良好的统计性质，另一方面，在预测值的置信区间中也运用了含有参数方差的估计量，所以，当模型出现异方差时，仍然使用普通最小二乘估计量，将会导致预测区间偏大或者偏小。这时，需要根据模型的检测结果来判断综合使用其他方法，诸如综合运用加权最小二乘法、异方差稳健标准误法来解决异方差问题；使用广义最小二乘法和广义差分法来解决序列相关性。

若模型中某两个或者多个解释变量之间出现了共线性，将会对参数估计产生很大影响，（1）完全共线性时，会导致参数估计量不存在；（2）近似共线性时，会使得 *OLS* 参数估计量的方差变大；（3）参数估计量经济含义不合理，这是由于某一个变量可以由其他变量线性表示出来，这导致各变量前的参数不能真实反映其与被解释变量之间的结构关系；（4）变量的显著性检验和模型的预测功能将失去意义，当存在多重共线性时，参数估计的方差变大，从而容易使得通过样本计算的 t 值小于临界值，误导做出参数为零的推断，可能将重要的解释变量排除在模型之外，此时常用的方法是去除引起共线性的变量或者使用差分法来消除模型的共线性。

第五节　离散选择变量模型

如前文所述，经典计量经济学模型中的假设条件一般假定被解释变量为连续性变量。但是，当被解释变量为离散选择变量时，这类模型被称为离散选择模型。

实际经济生活中经常会面临二元选择模型，如出行选择地铁还是公共汽车，又如对某种商品的购买决策问题。决定购买与否，取决于两类因素，一类是该商品所具有的属性，诸如性能、价格；另一类是消费者所具有的属性，诸如收入水平、对商品的偏好水平。

再如在本书将要分析的内容中，决定项目能否顺利进行下去的因素中既包括项目本身的一些属性，如项目所处的宏观环境、民众呼声、法律政策、项目融资成本、后续收入情况，又包括企业的一些因素，如企业的资产负债率、利润情况、存货周转率等。

对于上述二元选择问题，可以建立如下模型：

$$Y_i = X_i\beta + \varepsilon_i$$

其中，Y 为观测值为 1 和 0 的决策被解释变量，X_i 为解释变量，包括各种影响决策结果的因素。上述模型假定 $E(\varepsilon_i)=0$，所以 $E(Y_i)=X_i\beta$，这样建模会出现以下两个与前文所述 OLS 模型假定不符的问题。

问题 1：Y 只能取值 0 和 1，但是 $E(Y_i)=X_i\beta$ 不在［0，1］范围内。

问题 2：

$$p_i = P(Y_i = 1)\text{，}1 - p_i = P(Y_i = 0)$$

$$E(Y_i) = 1 \times P(Y_i = 1) + 0 \times P(Y_i = 0) = p_i = X_i\beta$$

对于随机误差项有

$$\varepsilon_i = \begin{cases} 1 - X_i\beta, \text{当} Y_i = 1, \text{其概率为} X_i\beta \\ - X_i\beta, \text{当} Y_i = 1, \text{其概率为} 1 - X_i\beta \end{cases}$$

显然这种概率结构具有异方差性。

由于有这两方面的问题，上述模型需要改进，不能直接作为研究二元离散选择问题的模型。

对模型进行改进，建立随机效用模型：

$$\begin{cases} U_i^1 = X_i\beta^1 + \varepsilon_i^1 \\ U_i^0 = X_i\beta^0 + \varepsilon_i^0 \end{cases} \tag{5-7}$$

其中，U_i^1 和 U_i^0 分别代表第 i 个个体选择 1 和 0 带来的效用，由于效用不可观测，当 $U_i^1 > U_i^0$ 时选择 1，否则选择 0，上面两式作差得

$$Y_i^* = X_i(\beta^1 - \beta^0) + (\varepsilon_i^1 - \varepsilon_i^0)$$

记作

$$Y_i^* = X_i\beta + \mu_i \tag{5-8}$$

$$P(Y_i = 1) = P(Y_i^* > 0) = P(\mu_i > -X_i\beta) \tag{5-9}$$

为了得到估计参数 β 需要假定 μ_i 的分布形式，常用的假定是标准正态分布和逻辑（logit）分布——Probit 模型和 Logit 模型。用 $F(t)$ 表示其分布函数，则有 $F(-t)=1-F(t)$。

$$P(Y_i = 1) = P(Y_i^* > 0) = P(\mu_i > -X_i\beta) = F(X_i\beta)$$

至此，我们可以得到似然函数

$$L(Y_1, Y_2, \cdots, Y_n, \beta) = \prod_{Y_i=0}[1 - F(X_i\beta)]\prod_{Y_i=1}F(X_i\beta)$$

对对数似然函数最大化一阶条件为

$$\frac{\partial \ln L}{\partial \beta} = \sum_{i=1}^{n}\left[\frac{Y_i f_i}{F_i} + (1 - F_i)\frac{-f_i}{1 - F_i}\right]X_i = 0 \qquad (5-10)$$

其中，f_i 表示概率密度函数。显然，在样本数据的支持下，可以得到模型的参数估计量。而估计的二元离散模型是否恰当，可以应用拟合优度检验、省略变量检验、异方差检验、回代效果检验等方式进行检验。其中变量的显著性检验原理及检验统计量与经典单方程相同，需要指出的是，由于经典单方程计量经济学模型主要采用以最小二乘原理为基础的模型估计方法，其检验统计量大多是基于残差平方和构建的，如变量显著性检验 t、总体显著性检验的 F 统计量、拟合优度检验 R^2 统计量等。而包括离散选择模型在内的非经典计量经济学模型主要采用以最大似然原理为基础的模型估计方法，所以其检验统计量大多是基于似然函数值构建的，如 *Wald* 统计量、*LR* 统计量、*LM* 统计量。

（1）拟合优度检验

设 L_0 是模型中所有解释变量的系数都为 0 时的似然函数值，显然有

$$\ln L_0 = n(P\ln P + (1 - P)\ln(1 - P))$$

其中，P 为样本观测值中被解释变量等于 1 的比例，n 为样本量。设 L 为模型估计得到的似然函数值，构造一个统计量：

$$McFaddan\ R^2 = 1 - \frac{\ln L}{\ln L_0}$$

显然，R^2 越接近于 1，模型的拟合效果越好。

（2）总体显著性检验

总体显著性检验的原假设为 $H_0: \beta_1 = \beta_2 = \cdots = \beta_k = 0$，备择假设为 H_1：解释变量的系数不全为 0，基于最大似然估计构造一个似然比（*likelihood ratio*，*LR*）统计量：

$$LR = -2(\ln L_0 - \ln L) \sim X^2(k)$$

其中，L_0 表示 H_0 成立时得到的似然函数值，L 表示模型估计得到的似然函数值。

（3）回代效果检验

当二元离散模型确定后，为了检验模型的回代效果，可以将解释变量的观测值代入模型进行计算。模型回代效果的好坏，直接与“临界值”的划定有直接关系，这是因为“临界值”决定了拟合值归类到 1 还是 0 中：一种朴素的方法是将临界值定位为 0.5，拟合值大于 0.5 的，将其划归到取 1 的类别中，小于或等于 0.5 的样本划归到取 0 的类别中。另一种办法是先验的办法，即以全部样本中选择 1 的样本所占的比例为临界值。

第六节　基于二元离散选择模型的实证分析

我们前面梳理了影响因素分类方法，说明影响因素的确定和问卷设计以及提出离散选择模型之后，本节将基于该模型对历史 PPP 项目进行实证分析。

一、项目影响因素及其程度的确定

如前文所述，笔者经过查阅大量文献总结以往学者的成果，发现影响 PPP 项目运行过程中的因素具有多变性、动态性、复杂性、周期长、隐含性等特点，而且基本都是定性变量，为了能够确定项目的影响因素，并且预先得到各位专家对每个因素对项目的影响程度的评判，需要将定性的因素定量化，笔者通过调查 50 位专家，得到影响项目运行过程中的 34 个影响因素，其中，28 个是在以往学者所做研究中拿到的现成因素，另外 6 个是通过在问卷中设置开放式问题，经各位专家补充得到的。经计算得到了每个因素的平均发生概率和影响程度——先验结果，如表 5 – 1 所示。

从表 5 – 1 可以看出 34 个影响因素中，经计算得到的平均发生可能性都在 3 附近波动，这说明各位专家对这些因素发生的概率基本都抱有中立的态度，认为不太可能发生，从某种程度上正好印证了各因素具有复杂性和隐含性的特点；从影响程度的角度看，各个因素影响程度的平均值基本都在 4 左右波动，说明这些因素在各位专家看来对项目能否顺利进行下去具有重要影响，从另外一个角度考虑，确定这些因素作为项目的影响因素是合理的。然而，这些因素是否真的像各位专家所判断的那样重要，对项目的成败起到至关重要的作用？这还需要进一步证实；另外，那些显著的影响因素，能够在多大程度上影响项目的成败，怎么去度量其大小呢？也需要进一步分析。

表 5 – 1　影响因素发生概率及影响程度

影响因素	平均发生可能（5 分制）	平均影响程度（5 分制）
1. 政治、经济、社会形势变化	2.08	4.14
2. 政策变化	3.14	4.20
3. 项目审批受阻	3.00	4.22

续表

影响因素	平均发生可能（5 分制）	平均影响程度（5 分制）
4. 经营权或控股权的变化	2.52	3.35
5. 政府过度干预企业经营活动	3.10	3.98
6. 融资条件变化	3.23	4.00
7. 融资成本提高	3.46	4.00
8. 合同内容变更	2.94	3.51
9. 法律法规变更	2.52	3.50
10. 行业标准变更	2.55	3.10
11. 税收变化	3.10	3.88
12. 行业规范变更	2.63	2.94
13. 操作指南变更	2.40	2.71
14. 公众认同度变化	2.29	2.69
15. 建设成本超过预算	3.31	3.80
16. 施工工期拖延	3.45	3.57
17. 上下游行业形势变化	3.13	3.73
18. 规划变化导致设计变更	3.10	3.54
19. 专业人才缺失	3.06	3.38
20. 项目唯一性变化	2.49	3.62
21. 收益率低于预算值	3.48	3.92
22. 运营成本增加	3.63	3.98
23. 运营收入被拖欠	3.44	4.10
24. 招商条件未兑现	3.27	4.02
25. 处置量远远小于规划设计能力	3.00	3.69
26. 收费定价低于操作成本	2.96	3.74
27. 原材料、劳动力成本上涨	3.50	3.71
28. 项目多头管理，程序复杂	3.33	3.88
29. 行业产能过剩	3.56	3.72
30. 自然因素变化	2.46	2.02
31. 资质维护费增加	3.12	3.06
32. 营转增对行业的影响	3.52	3.22
33. 施工方权益保护政策不够	3.78	4.18
34. 各行业、行政主管部门不能正确接纳国家政策	2.62	3.02

资料来源：根据调研结果汇总统计整理。

二、样本数据的收集与处理

为了解决上述两个问题，需要进行抽样调查，取得历史样本数据，建立计量经济学模型，进行假设检验，对通过显著性检验的影响因素，定量分析其影响效果。通过搜集现有的数据，搜集到了100个PPP项目，将PPP项目影响因素作为解释变量X_i，由于各个X_i都是定性变量，在收集其历史样本数据时，符合条件或者对影响因素X持有肯定答复的赋值为1，不合条件的，赋值为0；其对PPP项目的影响结果作为被解释变量Y，Y只能取两个结果，成功记作1，不成功记作0。

在参数估计和假设检验之前，需要对相关变量做出假设，根据前文所述，所确定的28个影响因素中，一旦发生不利于项目推进的情况，对项目影响程度的影响都在4（较严重）附近波动，因此笔者假定，28个影响因素对项目成败均具有显著影响，以下对其进行计量经济学检验。

三、参数估计与模型检验

本书选用Logit二元离散选择模型，运用历史样本数据对模型进行估计。参数估计与检验结果如表5-2所示。

（1）表5-2从左到右，依次是解释变量X、解释变量的回归系数B、各个系数的标准误、沃尔德统计量——*Wald*，各个变量的P值——*Sig.*，以及各系数指数值所在的95%的置信区间。

各个变量的P值（*Sig*值）直接说明了模型犯第一类错误的概率，P值越小，说明此影响因素X对Y的影响越显著，从表5-2中可以看出，并不是所有的影响因素对项目的成败都起到显著的影响作用，有些P值明显大于0.05，这与调查问卷所得结果不吻合，例如，影响因素中经营权或控股权的变化，从定性的角度考虑，当公司经营权或者控股权发生变化时，往往伴随着公司经营战略的变化和主营业务结构的调整，致使公司单方面出现履约困难的情况，因而可能出现违约。但是从统计软件返回的结果来看，其P值为0.646，在显著水平为5%的情况下，很显然，这个因素并不显著，需要剔除。类似的还有其他一些因素。

表5-2 参数估计表

变量	B	S. E.	Wald	Sig.	95% C. I. for EXP (B)	
					Lower	Upper
1. 政治、经济、社会形势变化	0.013	0.427	0.001	0.977	0.438	2.339
2. 政策变化	0.445	0.185	5.77	0.016	1.085	2.245
3. 项目审批受阻	-0.06	0.101	1.355	0.051	0.772	1.148
4. 经营权或控股权的变化	0.081	0.175	0.211	0.646	0.769	1.528
5. 政府过度干预企业经营活动	-0.453	0.284	2.552	0.011	0.365	1.108
6. 融资条件变化	-0.494	0.247	4.001	0.897	0.376	0.99
7. 融资成本提高	0.096	0.738	0.017	0.045	0.259	4.679
8. 合同内容变更	-0.569	0.297	3.674	0.055	0.316	1.013
9. 法律法规变更	-0.031	0.689	0.002	0.964	0.251	3.745
10. 行业标准变更	-0.515	0.477	1.163	0.281	0.234	1.523
11. 税收变化	0.905	0.501	3.256	0.071	0.925	6.604
12. 行业规范变更	0.337	0.355	0.897	0.044	0.698	2.81
13. 操作指南变更	-1.105	0.732	2.279	0.131	0.079	1.39
14. 公众认同度变化	-0.423	0.414	1.047	0.306	0.291	1.474
15. 建设成本超过预算	0.036	0.795	0.002	0.042	0.218	4.928
16. 施工工期拖延	0.623	0.763	0.666	0.014	0.418	8.316
17. 上下游行业形势变化	0.532	0.666	0.637	0.425	0.461	6.284
18. 规划变化导致设计变更	0.209	0.622	0.113	0.737	0.364	4.174
19. 专业人才缺失	-0.161	0.54	0.088	0.066	0.295	2.455
20. 项目唯一性变化	0.774	0.546	2.007	0.157	0.743	6.326
21. 收益率低于预算值	0.572	0.605	0.892	0.045	0.541	5.801
22. 运营成本增加	-0.534	0.642	0.692	0.064	0.167	2.064
23. 运营收入被拖欠	-0.226	0.629	0.129	0.719	0.233	2.735
24. 招商条件未兑现	-0.122	0.27	0.204	0.651	0.522	1.502
25. 处置量远远小于规划设计能力	-0.224	0.291	0.594	0.441	0.452	1.413
26. 收费定价低于操作成本	0.233	0.111	4.396	0.036	1.015	1.569
27. 原材料、劳动力成本上涨	-0.174	0.199	0.757	0.084	0.569	1.243
28. 项目多头管理，程序复杂	0.156	0.436	0.128	0.072	0.498	2.746
29. 行业产能过剩	0.081	0.175	0.211	0.646	0.769	1.528
30. 自然因素变化	-0.515	0.477	1.163	0.281	0.234	1.523

续表

变量	B	S. E.	Wald	Sig.	95% C. I. for EXP (B)	
					Lower	Upper
31. 资质维护费增加	0. 209	0. 622	0. 113	0. 737	0. 364	4. 174
32. 营转增对行业的影响	0. 142	0. 246	0. 204	0. 631	0. 542	1. 582
33. 施工方权益保护政策不够	0. 051	0. 584	0. 002	0. 964	0. 353	3. 745
34. 各行业、行政主管部门不能正确接纳国家政策	0. 532	0. 666	0. 637	0. 425	C. 461	6. 284
Constant	0. 696	2. 372	0. 086	0. 769	—	—

资料来源：根据调研结果分析汇总统计整理。

（2）从另外一个角度考虑，由于 PPP 项目的数据可得性问题，笔者收集的收据有限，样本量偏小，从统计学的角度考虑，可能是抽样误差的存在导致了本该显著的因素不再显著了。

表 5－2 反映了模型中单个影响因素的影响，还需要对模型总体的显著性进行检验，综合来看影响因素 X 对 Y 的“总影响”是否显著，如前文所述，模型所使用的估计方法是最大似然估计，经统计软件返回的结果如表 5－4 所示，在 Hosmer and Lemeshow 检验中 *Sig* 值明显大于 0. 05 说明模型总体拟合效果不错，模型总体性检验通过。

表 5－3　样本描述结果

Unweighted Cases[a]		N	Percent
Selected	Included in Analysis	169	100. 0
	Missing Cases	0	0. 0
	Total	169	100. 0
Unselected Cases		0	0. 0
Total		169	100. 0

注：a. If weight is in effect，see classification.

表 5－4　Hosmer and Lemeshow 检验

Step	Chi-square	df	Sig.
1	5. 674	8	0. 684

在显著水平为5%的情况下，剔除那些不显著的变量。重新对变量Y进行回归，得到如下结果：

表5－5　剔除不显著变量后的假设检验

变量	B	S. E.	Wald	Sig.	95% C. I. for EXP（B）	
					Lower	Upper
2. 政策变化	0.282	0.161	3.069	0.08	0.967	1.817
3. 项目审批受阻	0.026	0.078	0.109	0.041	0.836	1.136
5. 政府过度干预企业经营活动	－0.624	0.239	6.852	0.009	0.336	0.855
7. 融资成本提高	0.344	0.609	0.319	0.022	0.427	4.657
8. 合同内容变更	－0.442	0.257	2.948	0.086	0.388	1.064
11. 税收变化	0.932	0.454	4.219	0.04	1.044	6.177
12. 行业规范变更	0.181	0.319	0.32	0.072	0.641	2.239
15. 建设成本超过预算	－0.032	0.755	0.002	0.066	0.22	4.256
16. 施工工期拖延	0.602	0.679	0.787	0.035	0.483	6.911
19. 专业人才缺失	0.007	0.379	1.435	0.026	0.479	2.116
21. 收益率低于预算值	0.574	0.553	1.077	0.099	0.6	5.249
22. 运营成本增加	－0.618	0.545	1.283	0.057	0.185	1.57
26. 收费定价低于操作成本	0.083	0.091	0.831	0.062	0.909	1.298
27. 原材料、劳动力成本上涨	0.213	0.178	1.437	0.031	0.571	1.145
28. 项目多头管理，程序复杂	0.1	0.392	0.065	0.098	0.513	2.383
Constant	－1.861	1.733	1.153	0.283		

资料来源：根据调研结果分析汇总统计整理。

从表5－5可以看出，很显然5%的显著水平下，仍然存在部分变量不显著，如项目多头管理，程序复杂，收益率低于预算值等，但即便如此，大多数变量是显著的；而在10%的显著水平下，所有变量的P值都明显小于10%，因此可以认为这些变量都是显著的。

表5－6　剔除不显著变量后的假设检验

Model Summary			
Step	－2 Log likelihood	Cox & Snell R Square	Nagelkerke R Square
1	207.459[a]	0.817	0.858

注：因为参数估计的，回归在第4次迭代时被终止。变化小于0.001。

资料来源：根据调研结果分析汇总统计整理。

从表5－6中可以看出，模型的拟合优度达到了0.8以上，说明拟合效果不错，根据表5－3中的系数估计数值B，可以得到如下的模型：

$$\hat{Y}_i = \frac{e^{-1.861+0.282x_2+0.026x_3-0.624x_5+0.344x_7-0.442x_8+0.932x_{11}+0.181x_{12}-0.032x_{15}+0.602x_{16}+0.007x_{19}+0.574x_{21}-0.618x_{22}+0.083x_{26}+0.213x_{27}+0.1x_{28}}}{1+e^{-1.861+0.282x_2+0.026x_3-0.624x_5+0.344x_7-0.442x_8+0.932x_{11}+0.181x_{12}-0.032x_{15}+0.602x_{16}+0.007x_{19}+0.574x_{21}-0.618x_{22}+0.083x_{26}+0.213x_{27}+0.1x_{28}}} \quad (5-11)$$

根据式（5－11）可以得到每个样本点的估计值 $\hat{Y}_i$，将其作为具体的预测值，只需将每个样本单位的 X_i 代入即可得到，由于 $\hat{Y}_i$ 能取两个结果，没有违约，即成功—1，违约了，即失败—0，式（5－11）得到的数据是介于0到1之间的数，为了对样本进行回测，需要指定一个具体数值 a，当 $\hat{Y}_i > a$ 时，没有违约情况发生，当 $\hat{Y}_i < a$ 时，项目发生违约事件，导致失败，因结果只有两个，故取 $a=0.5$，将样本数据代入式（5－9），进行统计得到如表5－7所示的结果。

表5－7　样本回测结果统计

Classification Table					
Observed			Predicted		
			Y		Percentage Correct
			未违约	违约	
Step 1	Y	未违约	83	17	83.0
		违约	8	52	86.6
	Overall Percentage				84.4

注：阈值为0.5。

资料来源：根据调研结果分析汇总统计整理。

从表5－7可以看出，在一共160个样本中，预测正确率达到84.4%，总体来看模型的回测效果是不错的，分开来看，样本中没有违约的预测正确率是83.0%，违约的预测正确率是86.6%。由此可知，利用此模型在新项目签订后，动态收集各个影响因素 X_i 的数值，并将其代入模型中，对评判项目未来违约的可能性，进而提前做好应对准备具有重要的现实指导意义。

```
Step number.1

Observed Groups and Predicted Probabilities

     8+                                                                 +
      |                                                                |
      |                        1                                       |
 F    |                         1                                      |
 R                                                                    
     6+                           1 1                                    +
 E    |                          1 1                                    |
 Q    |             1  0          1 1      1                            |
 U    |            1  0          1 1      1                             |
 E   4+           01010 01        1 1 111      1   1                          +
 N    |          01010 01        1 1 111      1   1                          |
 C    |   0 0 0  00 000 000       1 1  000 1 1 101 1 0 1        1             |
 Y    |   0 0 0  00 000 000       1 1 000 1 1 101  1 0 1        1             |
     2+    0 00 01 000000 1000100 0 11010000 10 111000 11 011111 1     1 11 11 11      +
      |   0 00 01 000000 10001000 11010000 10 111000 11 011111 1     1 11 11 11     |
      | 0 00 00 00000000000000000000100000000000111000010001001 010011 00 1100 10 01 111 01   0 |
      | 0 00 00 00000000000000000000100000000000111000010001001 010011 00 1100 10 01 111 01   0 |
Predicted  ---------+---------+---------+---------+---------+---------+---------+---------+---------+----------
  Prob:  0     .1     .2     .3     .4     .5     .6     .7     .8     .9     1
 Group:  000000000000000000000000000000000000000000000000000001111111111111111111111111111111111111111111
11111111

Predicted Probability is of Membership for 违约
The Cut Value is .50
Symbols: 0–没违约
         1–违约
```

图 5－1　样本回测汇集结果

四、实证结果分析与评价

从最后的实证结果来看，与之前进行的专家调查法不同的是，所认定的 28 个影响因素中，平均影响程度在 4 左右，基本可认为 28 个因素都会对项目造成重大影响；但经过二元离散选择模型估计出来的结果并没有很好地支持上述结果，其中有些变量诸如上下游行业形势变化、公众认同度变化、操作指南变更等在统计学意义上并不显著。因此需要剔除这些变量，剔除不显著变量后，重新进行二元离散选择回归得到回归系数，并对模型的拟合程度、样本回测效果进行了分析，发现模型预测正确率达到 0.844，可以用此模型对未来项目的违约概率进行预测。

从进入回归模型的影响因素来看，可以大致划分为三大类，分别是项目自身因素、经济环境变动、政府监管。从表 5－8 所示的模型最终结果来看，在经济环境变化中诸如融资成本提高、收益率低于预算值、专业人才缺失、运营成本增加、原材料、劳动成本上涨等因素对项目产生了显著的影响；这些因素可能通过金融变量中的利率、汇率等来影响项目，如央行变动存款准备金率就会增加项目的融资成本，再如经济增速下降，政府为了稳定经济推出调结构等政策会引起专业人才缺失等。

表 5－8　影响程度高于 4 的指标统计（由高到低）

序号	影响因素	平均影响程度
1	3. 项目审批受阻	4. 22
2	2. 政策变化	4. 2
3	1. 政治、经济、社会形势变化	4. 14
4	23. 运营收入被拖欠	4. 1
5	24. 招商条件未兑现	4. 02
6	6. 融资条件变化	4
7	7. 融资成本提高	4

资料来源：根据调研结果分析汇总统计整理。

其中，影响程度高于 4 的有 7 项指标，涉及项目审批、政策环境、融资条件、招商条件、运营收益等，其中融资条件变化，主要还是融资成本的提高，增加了项目的投资成本；而运营收入被拖欠，影响到企业的投资收益。因此，在 PPP 项目合作过程中，造成政府或企业违约的影响因素主要集中在政策的稳定性、项目审批监管程序以及投资收益有效保障问题上。

由于政府政策或制度变动等原因，造成企业预期收益不稳定，投资回报无法保障，为此社会资本方无法按合同约定进行履约，或不愿意履约，或由于企业开始考虑短期利益，通过违约方式降低成本或快速收回投资，由于缺乏相应的监管及约束机制，影响工程质量和进度，政府对社会资本方的信心受到挑战，进而带来公众对政府的信心受到挑战；而政府和社会资本方（企业）签订合约后，若企业无法如期或保质保量提供公共物品，最后责任由政府承担，政府对社会资本方的信心也会受到挑战。因此，可以根据实证检验结果，依据各影响因素的特点进行归责，分析导致各类影响因素发生的直接原因。从政府政策、市场法律制度以及 PPP 项目公司内部控制和管理的角度提出预防和控制信用风险的对策建议。

第六章　政府与企业合作信用风险主要影响因素的形成

PPP 项目运行周期长，不确定因素多，导致政府与企业不能顺利履行合约的因素多，另外，在项目特许期内，由于政府不参与实际运营，其对项目的监督职能有时会失效，在保证项目的质量和建设进度方面存在不确定性。PPP 项目中，企业的信用风险集中表现在建设期和运营期，政府的信用风险集中表现在运营期和项目移交阶段。尽管中国的 PPP 模式在 20 世纪末已经开展，但发展速度缓慢，究其原因主要体现在两个方面，一方面，部分地方政府更多是将 PPP 模式当作融资的工具，在操作过程中做出脱离实际的承诺；另一方面，社会资本方开始对政府的承诺、政策与制度预期稳定性充满不确定，以致双方在合作前期以及合作过程中不断博弈，不仅影响项目谈判落地，增加时间成本、人力成本、物质成本，也影响项目质量，降低政府与社会资本方的合作效率。

通过对已签约的 PPP 项目成功案例与失败案例的影响因素汇总归类，与专家打分法得出的结论进行综合分析、总结，得出 PPP 项目违约风险的主要影响因素由属于 PPP 内在环境的直接影响因素与属于 PPP 外部环境的间接影响因素共同构成。直接影响因素主要体现在项目本身建设运营过程中，包括运营成本增加、收益率低于预算值、项目唯一性变化等。间接因素主要体现在政策变化、市场法规与制度监管以及政府管理方面。内在环境会受到外部环境的影响，外部环境可引起内在环境的改变。

第一节　政府与企业合作信用风险的内部影响因素

政府有时会拖延支付，从而造成项目无法正常运营，或者企业为了降低成本而违反合同约定，如污水不经处理直接排放。

一、投资收益缺乏有效保障

导致 PPP 项目违约的市场环境方面的一个重要因素就是政府或者是社会资本在投资前未能准确估计市场需求，当项目建成后收入难以弥补成本。影响指标主要体现在建设成本超过预算、运营成本增加、收益率低于预算值、收费定价低于操作成本以及原材料、劳动力成本上涨等。

企业参与 PPP 项目的最终目标是获得投资回报，主要来源于向用户或政府的收费，在我国，为弥补直接收费的不足，还存在政府补贴、捆绑商业项目等补偿方式。从调研情况来看，合理的投资回报与价格机制尚未建立，不利于合理引导社会资本参与 PPP 项目。

第一，项目方对投资回报要求不合理与地方政府违规承诺并存。目前我国大部分 PPP 项目都属于公用事业行业，经营风险低于一般的竞争性行业。但是，参与 PPP 项目的外资和民营企业，对投资回报缺乏合理预期，一方面要求高投资回报或固定投资回报，另一方面不愿承担任何风险。而一些地方政府在实际操作中，为吸引投资，变相做出固定回报的承诺，如同时承诺数量和价格，达不到基本数量时政府予以补贴，当市场供求条件发生变化，政府承诺无法兑现，如某市自来水项目，为保障承诺的最低水量，政府不得不关停其他国有自来水厂，国有企业为此承担巨额亏损。部分项目投资回报率高于法律法规的规定，如我国《城市供水价格管理办法》规定供水企业的净资产利润率为 8% ~10%，但一些外资企业利用信息优势，在很多项目上获得了 15% ~20% 的高利润率。

第二，政府对用户付费项目承诺的合理补贴和政策性补偿不到位。大部分由用户付费的 PPP 项目属于政府定价的范围，而政府定价时考虑到一些行业的公益性特征，价格水平或收费标准不能补偿成本，因此，政府会承诺对中标价格与用户价格之间的差额给予补贴。并且，用户收费项目的价格调整必须经过价格监管机构的批准，部分行业还需要召开价格听证会，价格调整的不确定性较大、风险较高，当企业合理的调价要求得不到满足时，也应由政府给予补贴。但是，实际执行受财政体制限制，补贴资金难以落实，影响企业正常生产经营。例如，在某市一个垃圾焚烧发电厂的案例中，该市政府决定对亏损的企业进行适当的政府补贴，但未明确具体的补贴金额，这就使得社会资本承担了相应的风险。此外，因企业执行政府政策而产生的“政策性”亏损，在协议中通常约定由政府予以补偿，但是实际执行经常不到位，如收费公路的绿色通道、节假日免费等政策，会减少企业的车辆通行费收入，但是大部分地方政府未给予合理补偿。

针对准盈利项目的市场风险问题，政府补贴往往是必要的，但是在合同中明确补贴的数量并不是一个合理的选择。因为市场价格处于不断变化中，即使是短期变化，也往往超出政府和企业的预测能力范围。如果市场价格的上升幅度超过了双方预期的水平，那么企业在合同的补贴之外还需要额外的补贴才能达到盈亏平衡或者盈利，如果市场价格低于双方预期的水平，企业就可以获得额外的收益，这就意味着公共物品的价格由于过度的补贴而提高。

政府付费项目缺乏稳定的资金来源。一般来说，政府付费项目的资金主要来源于财政资金和用户缴纳的垃圾处理、污水处理等专项收费。但是，由于许多地区尚未征收垃圾处理费或污水处理费，而某些已开征的地区费用缴纳比率不是很理想。此外，这些费用有时候不能及时拨付给相应的企业，从而影响项目的正常运营，如部分地区的城市排水公司拖欠污水处理合作方的污水处理费。付费资金主要来源于地方财政的 PPP 项目，由于受到目前财政预算体制的限制，普遍存在不能及时足额支付和资金来源不稳定的问题①。

政府付费项目缺乏规范的价格调整机制。一些公共事业项目，在引入社会资本之前往往存在着成本价格倒挂的现象，引入社会资本之后，提高价格进而实现盈利成为必然。但根据《价格法》《政府价格决策听证办法》的规定，公用事业价格的确立必须以听证会为基础，通过征集消费者、经营者以及其他相关方的意见，确定价格调整的必要性与可行性，但这个过程比较复杂，很容易造成审批延误的问题②。在许多地区，公共事业价格监管/补贴属于社会政策方面。公共事业保持低价甚至免费，原材料、劳动力成本上涨与公共事业定价上涨之间没有实际联系。如果得不到一定保护，私营部门就无法为这类公共事业提供长期融资，进而导致一些企业开始注重短期效益，违约风险概率增加。

① 孙学工，刘国艳，杜飞轮，杨娟．我国 PPP 模式发展的现状、问题与对策［J］．宏观经济管理，2015（2）：28－30.

② 亓霞，柯永建，王守清．基于案例的中国 PPP 项目的主要风险因素分析［J］．中国软科学，2009（5）：107－113.

二、企业的经营管理能力不足

PPP 项目的实施是一项复杂的系统工程，但在项目实施过程中有一些共性的、标准化的条款和方法，如果能够事先制定和开发，就可大幅提高招标效率，节约协议签订的时间和人力投入，并提高项目实施效果。例如，澳大利亚各地方政府构建了使契约签订标准化的框架，达到了一定的程序化和标准化，PPP 合同签订只需 12 个月到 18 个月便可完成。又如英国为提高 PPP 项目的效率，开发了标准化的合同文本，对各种可能出现的问题进行了详尽的规定，制定了“基础设施采购路线图”，帮助公共机构决定针对不同类型的项目采用何种合同，既能够节约协议签订的时间和谈判成本，又能够降低项目运营期间执行合同的成本，此外，英国还开发了“性价比”评价方法和财务定价模型等专业性较强的技术工具，进一步节约了项目实施成本和时间，提高了实施效果。

而我国 PPP 项目的操作缺乏上述有效的工具和途径。建设部已于 2004 年和 2006 年出台了城市垃圾处理、供气、供热和供水的特许经营协议示范文本，为各地签订合同提供参考。一些地区也在建设部文件的基础上出台了更为具体的市政公用事业管理办法和行业性的管理办法。总体来看内容框架较为全面，但是可操作性不强，缺乏有效的工具和途径，实施机构的能力对项目能否顺利实施起到关键决定作用，不确定性较大。在实际的 PPP 项目实施中，政府制定招标文件时投入大量人力、物力，在中标者的选择上，缺乏科学的“性价比”评价方法，不利于遴选出最优的合作伙伴，而且由于实施机构有较大的自由裁量权，增加了“俘获”的风险；缺乏标准化的详尽的合同范本，实施机构与中标者签订特许经营协议时需要耗费大量的时间，不仅延长了招标时间，而且由于信息不对称政府面临的风险实际上更大，导致一些特许经营合同给当地政府和消费者带来了沉重的负担，如自来水厂高价回购等；缺乏专业的财务定价模型，合同双方对未来影响价格的因素均缺乏准确的预期，导致价格条款的执行风险较高，加大了合同执行成本和项目风险。同时，地方政府缺乏必要的 PPP 知识与人才储备，也没有设立专门机构，这也是 PPP 操作能力不强的重要原因。

三、诚信观念缺失

PPP 的基本理念着重强调契约意识、法治意识和平等意识。其中，在契约意识方面，由于受到计划经济思想的影响，政府红头文件的效力往往高于契约合同和相关的法律文件。因此，地方政府经常因各种原因而随意修改合同条款，甚至单方面中止合同。在法治意识方面，由于地方政府存在换届的问题，项目的推进可能会因换届而“人走茶凉”。因此，PPP 项目的推进不应依赖地方政府领导人的承诺，而应落实到法律文件上。在平等意识方面，对于绝大多数企业来说，政府处于比较强势的地位，只有少数的国企或央企才可能与地方政府进行较为平等的合作或谈判①。

经验表明，政府的信用风险高是导致 PPP 项目失败的主要原因之一。具体来说，地方政府的下列行为会严重危害合作方的利益，引发信用风险，从而使合作项目被迫中止：第一，地方政府改建或新建与 PPP 项目有直接或间接竞争关系的其他项目。第二，地方政府的承诺违反现行的法律法规。第三，地方政府的承诺超过了当地的公众需求或地方财政所能承担的水平。例如，2000 年 3 月，长春市排水公司与汇津公司签署《合作企业合同》，准备建设长春汇津污水处理厂项目，并为此设立了长春汇津污水处理有限公司。2000 年底，项目建成并顺利运行，同时，长春市政府在当年出台了《长春汇津污水处理专营管理办法》。然而，到 2002 年，长春市排水公司开始拖欠污水处理费，并在 2003 年 3 月开始拒绝支付污水处理费，同时，2003 年 2 月，长春市政府废止了《长春汇津污水处理专营管理办法》。后经过长达 2 年的法律程序，2005 年 8 月，长春市政府最终回购了该项目。另外，在廉江中法供水厂项目中，合作方签订了合同期为 30 年的《合作经营廉江中法供水有限公司合同》，但合同却存在 2 个明显的问题。首先是水量问题，根据合同的规定，在水厂投产的第一年，廉江自来水公司每日购水量不得少于 6 万立方米，且往后不断递增。但廉江市当年消耗的水量约为 2 万立方米，巨大的量差使得合同履行失去了现实的可能性。其次是水价问题，根据合同的规定，起始水价约为 1.25 元每立方米，同时，水价随银行汇率和物价指数的上升而提高。但自 1999 年 5 月 1 日开始至今，廉江市每立方米水均价为 1.20 元。脱离实际情况的合同使得廉江自来水公司和廉江市政府不可能履行合同义务，导致该水厂被迫闲置，谈判结果至今未有定论。

此外，企业在 PPP 项目实施中也存在诚信缺失现象。企业是 PPP 项目的实施者，如果企业不能恪守承诺，将会严重影响 PPP 项目的建设与运

① 魏加宁．PPP“冷热不均”的原因分析与政策建议［J］．新金融评论，2015（10）：60－80.

营。现实中，有部分企业尤其是民营企业在 PPP 项目中存在着一定的失信问题，它们常常通过超低的价格参与到项目的公开竞标中来，一旦中标，它们再寻找各种借口要求调整价格，如果提价要求不能得到满足，它们就会以退出项目相威胁，在此背景下，地方政府要么答应民企的条件，要么重新寻找项目投资者，项目建设进度被打乱，影响了基础设施项目的按时提供。这也是有些地方政府主要依靠国有企业实施 PPP 项目的重要原因。

四、相应的配套设施不完备

通常来说，PPP 项目的运营需要相应的基础设施进行配套，如果相关的配套设施不完善，那么 PPP 项目的运营就很有可能陷入困境。汤逊湖污水处理厂项目就是因配套设施不完善而导致项目失败的典型案例之一，后期经过多方协商，汤逊湖污水处理厂项目将以 BOT 模式交由凯迪公司承建。合约规定，项目建设期为 2 年，特许经营期为 20 年，特许经营期满后将无偿移交给武汉高科。在一期工程建设完成以后，排污费的收取方式以及相关的市政管网配套设施却迟迟不能完成，这使得工厂只能一直处于闲置状态，最后，该项目以整体移交武汉市水务集团而告终。

五、政府决策失误

政府决策失误主要是指政府因信息不对称、前期准备不充分、缺乏 PPP 运作能力与经验、决策程序不规范等导致项目决策过程冗长或失误。同时，政府对污水的市场处理价格和相关的结果不熟悉，导致污水处理的价格偏高，当政府意识到这个情况后，又要求修改相关合作条款，以便降低污水处理价格。在此项目合作过程中，政府的知识缺陷导致合作协议不能真实反映市场状况，从而使得政府决策冗长。类似地，在廉江中法供水厂项目、北京第十水厂项目和大场水厂项目中也存在同样的问题①。

第二节 政府与企业合作信用风险的外部影响因素

PPP 项目的外部影响因素包括：相应的法律法规体系不健全，公共政策稳定性较差，项目审批服务程序复杂冗长，中央与地方政府事权不匹配，政府监管职能不到位，未能适应市场需求的变化，以及缺乏公正评估

① 柯永建．中国 PPP 项目风险公平分担［D］．北京：清华大学，2010：35.

的社会机制。

一、相应的法律法规体系不健全

公共基础设施建设领域原有的法律更多的是建立在保障政府的管理职能在项目建设、经营过程中得到发挥的目的之上，强调的是政府在公共基础设施建设领域的管理职能，而 PPP 需要政府和企业在互惠互利的基础上在公共基础设施建设领域共同合作实施，因此调整 PPP 法律关系的法律，在调整的法律关系主体、法律关系的内容以及权利义务的保护和约束等方面都与公共基础设施建设领域原有的法律存在不同。因此，PPP 对法律规则的制定提出了新的要求。

目前，我国现行预算管理体制普遍存在预算编制随意性强，预算管理不规范、不透明，未建立中长期预算等问题，一些相关法规文件中虽然有明文规定，但实际支出却无法完全纳入预算，得不到真正的保障。对于一些由用户支付费用的 PPP 项目来说，其费用支付是有相应的收费做保障的，但对于那些无收费保障或所收费用不足以支付 PPP 项目经营者的，就需要财政预算上给予相应的资金安排。但在实际工作中，由于资金的不确定性以及缺乏有力的制度做保障，许多 PPP 项目经营者不能按时从政府手中拿到服务费，这在一定程度上降低了项目投资者的收益，挫伤了其投资积极性。

目前，PPP 领域法律制度不健全主要体现在：第一，有关 PPP 的法律大多由部门和地方政府制定，法律层级较低，还没有制定和颁布国家层面的法律和国务院层面的行政法规，仍缺乏协调各个部门和领域的 PPP 纲领性法律。第二，政府行为在 PPP 领域缺乏规范和约束，对失信违约行为缺乏相应的法律制裁措施，不仅可能会使合作企业遭受损失，更会严重损害政府信用。第三，现有的 PPP 法律制度不能覆盖 PPP 的全部流程和环节，不能系统、完整地对 PPP 做出全面规范，使 PPP 项目的实际操作产生一定的随意性。第四，多个部门的规章、地方性法规以及地方政府规章之间不协调、不配套，给 PPP 法律制度的适用带来困难，也影响了 PPP 法律制度的公信力。

PPP 领域法律制度的不健全，以及法律主体为自身利益而趋利避害的本能，造成政府或企业的违约行为时有发生。从政府的角度看，现任的政府为实现任期内的短期利益和政绩增长的考虑，PPP 项目的立项、合同的签署等不规范，甚至对项目未来实施以及合同履行过程中可能出现的问题和风险缺乏考虑和安排，造成未来合同履行出现困难，发生争议甚至违约；政府行为缺乏法律约束，甚至新任政府认为自己不受前任政府签署的合同约束，可以通过修改原有法律、制定新的政策推翻已经签署的合同，从而造成政府对合同的实际违约。政府的违约将严重影响政府信用，并降低民间资本对 PPP 项目的参与度。从企业的角度看，目前我国在投资项目管理、建设工程施工、政府采购、价格管理等方面仍然存在不规范现象，企业对这些现象有比较充分的了解，并且为适应这些环境做出有利于自身的打算和安排，但随着我国依法治国理念的不断深入，上述政府行为将越发规范，造成企业原有的计划和安排落空，从而发生违约；政府行为缺乏法律约束，影响企业在合同履行过程中权益的正常行使，甚至使企业的合同目的不能实现，造成企业被动地违反合同约定。企业的违约将直接影响国家向社会提供公共物品和服务的质量，甚至给社会公众利益带来比较严重的损害。

二、政策缺乏稳定性

我国当前开展公共设施建设项目的主要问题是市场发育不足、法律制度不健全导致项目建设、运营和维护的市场化程度日益下降；同时，政府权责不明，不断地设立国有企业（政府平台公司）来帮扶，其间公私不分、利益交织，最终所有的风险都集中在政府身上，使其难以脱身，成为其日益沉重的包袱。

为了吸引资金，初期政策相对比较优惠，但是随着政策的逐步规范以及公众需求的提高，基础设施领域入资的门槛也越来越高。对于 PPP 项目来说，中央政策的变化超出了地方政府的能力范围，这种变化可能导致社会资本受损，也可能导致地方政府利益受损。以刺桐大桥为例，1996 年签订的是为期 30 年的合约，虽然合约提前 10 年终止不是由中央政策变化导致的，但是即使不出现地方政府为回应当地群众的呼声而违约的情况，2015 年修订的《收费公路管理条例》也将一级公路的收费期限改为 25 年，也就是说，投资方的收费权利至少也要提前 5 年被收回。在为广大群众提供更多政策实惠的同时，却未对因政策变化所引发的利益相关方的损失给予相应的财政补偿，经营者只能无条件执行政策，所蒙受的损失却无人负责，这对于 PPP 的发展必将带来不利影响。

三、项目审批服务程序复杂冗长

在具体实践中，尽管 PPP 模式已经获得了很多应用，但对其的监督管理、审批和决策却仍然采用传统的投融资项目流程，政府并没有针对 PPP 项目建立专门的管理机构和管理流程。

PPP 项目的审批仍沿用一般政府投资项目流程，没有针对 PPP 项目特点设计专门的审批流程与项目评估标准，例如，现行项目审批程序要求前期提供项目建设单位、项目法人等信息，而 PPP 项目一般是在项目获得批准后才进行公开招标，若在项目招标中更换了建设单位和项目法人，按照现行审批规定需要重新审批。有些 PPP 项目实施存在着地方保护与竞争不足的情况。有些地方的 PPP 项目以国有企业为主来实施，与政府联系紧密的国有企业实际上垄断区域市场，项目招投标中竞标企业少，甚至是属陪标性质，竞争不足导致成本缺乏控制。

目前，我国多个直属部委和机构，在特定的经济部门都拥有特定的行政权力，有时会存在多个政府部门对管理同一特定事务均有授权的现象，这会使项目获取政府审批的程序更加复杂。在 PPP 项目中，希望参与项目的投资者并没有“单一办事窗口”，因为尽管某一部委可能负责某一特定项目，但其他部委或机构也可能作为项目利益相关者，在关键项目要素方面享有审批权，因此会延误项目的进度。甚至在同一行业中，政府机构在中央、区域和地方政府层面的角色和管辖权都不甚明了。例如，在水务行业方面，投资者可能需要与中央、地方水务局、共同开发者和其他省级机构打交道，尤其是当项目跨越省级边界的时候，地方 PPP 项目呈现多头管理的局面。由于 PPP 项目审批程序复杂，企业往返于建设规划、土地、环保、水务、发改等地方部门申报，严重阻碍了项目进程，增加了财务成本。企业为了收回成本，会在经营上想办法补偿，造成违约问题。

此外，我国更进一步简政放权的趋势也表明，建立一个中央统筹的 PPP 项目审批流程将会十分困难。在我国似乎并未针对项目开发而建立标准化的项目实施方案和制定方法，也未开展针对项目进行评估的标准交易价格测试。尽管项目的推进需要获得一系列审批，但我们听到了一些担忧表示，这些审批程序并非由中央协调，而且可能会造成项目延期。

四、中央与地方政府财权事权不匹配

中央与地方政府财政事权不匹配主要体现在：部分由社会资本与地方政府合作的 PPP 项目定价权却掌握在中央的手中。由于中央的职能越位，地方政府与社会资本的合作风险因此增大[①]。地方政府财权、事权、财力不匹配，财政压力增大，政府收入减少或支出增加，导致财政收支不足、预算执行不到位，无法履行合同约定按期偿付。在强大的财政压力下，地方政府将向社会加大汲取力度，并想方设法介入一些竞争性的生产型领域，最终，政府的“援助之手”逐渐转变成“掠夺之手”[②]。在目前阶段，地方政府性债务风险突出表现为地方融资平台的债务风险。从总体上来说，我国法律是禁止地方政府举借债务的。因此，国家的法律法规并未就地方政府的举债行为制定相应的规定和监管措施，这也使得地方政府的举债行为缺乏有效的规范和监管。从历史的角度看，我国地方政府的债务风险与转轨时期的环境具有密切的联系，尤其是政府与市场、政府与企业的关系尚未达到对地方政府的债务风险有全面的认识。因此，在转轨时期，债务风险形成的根本原因是地方政府的职能定位不当。当然，地方政府的债务风险也可以从经济体制、财政金融和法律监管等方面来解释。在经济体制方面，我国部分地方计划经济向市场经济转型不彻底，导致地方政府的权力不受约束，严重干扰了正常的市场秩序；在财政金融方面，地方政府的财权和事权不匹配，导致财政资金无法满足政府履行正常职责的需要；在法律监管方面，地方政府债务风险的形成和加剧，本质上是因为相关的法律法规未对地方政府的举债行为进行规范和约束（廖凡，2014）[③]。

目前，我国实施的分税制体制使得地方政府的权力受到一定的约束，地方政府无法通过增加税负的方式来缓解财政压力。因此，地方政府常常以政府信用对其债务进行背书，通过相关的平台公司来进行相关的政府投资，而这些投资资金并未纳入地方政府的财政预算。总的来说，地方政府承担了本应由市场来承担的风险（李晓安等，2012）[④]。

五、政府监管职能不到位

目前，我国并不存在一个统一管辖基础设施项目和PPP项目投资的监管框架，却存在由多个甚至相互矛盾的法规和法律文书组成的网络，包括

① 魏加宁．PPP“冷热不均”的原因分析与政策建议［J］．新金融评论，2015（5）：77.

② 李晓安，周序中．投融资平台公司信用风险与地方政府信用失序——以法律为视角［J］．北京行政学院学报，2012（2）：88－93.

③ 廖凡．地方政府性债务风险防治的法律对策［J］．广东社会科学，2014（4）：227－234.

④ 李晓安，周序中．投融资平台公司信用风险与地方政府信用失序——以法律为视角［J］．北京行政学院学报，2012（2）：88－93.

总体规划、招标法、BOT 法、建筑施工法、土地使用法、投资法（包括海外的投资）、企业法、民事法典、反腐败法、银行和证券法。目前的法律拼拼凑凑形成了一个复杂的意见征求和审批系统，阻碍私营承包商着手开展项目。当前，建设部在 2004 年发布的《市政公用事业特许经营管理办法》和在 2005 年发布的《关于加强市政公用事业监管的意见》是 PPP 项目监管的主要依据。这些规章虽然从成本、收费与价格、服务质量与产品、运行安全、特许经营制度、市场准入等方面提出了相应的监管建议，但是由于没有具体的实施细则，导致其在实践过程中可操作性不强。

例如，《市政公用事业特许经营管理办法》规定，对获得特许经营权的投资人，政府应至少两年对其经营状况进行一次中期评估。但在 PPP 项目的实践过程中，对投资人基本上不进行评估或五六年之后会进行一个简单的评估。同时，地方性法律法规对监管也只有笼统性的规定，并未涉及相关的责任承担，结果导致监管措施基本形同虚设。

目前，我国缺乏约束和监管项目成本的手段和途径，无法准确判断企业发生的成本哪些合理、哪些不合理，价格水平是高是低，企业调价要求的合理程度，从而使价格监管处于被动地位。例如，“亏损”企业在发放高工资、高福利的同时，享受政府巨额补贴，引起消费者强烈不满，但是监管机构“苦无对策”；项目建设超预算现象“屡见不鲜”，以上海某垃圾处理项目为例，初始承诺投资为 2.9 亿元，实际总投资达 4.8 亿元，导致政府对垃圾处理的补贴单价大幅上涨；一些项目在建成后，屡次以成本上升为由要求政府提价，而政府由于缺乏准确的成本信息，在谈判中处于劣势地位。

消费者参与价格决策和监管的能力不足。在一个行之有效的价格监管和决策体系中，应尽量形成消费者、监管者和企业之间的制衡与博弈，从而使企业和消费者充分地表达各自的利益诉求，使监管机构更好地平衡二者之间的关系，并通过外部力量监督和约束其自由裁量权。目前，我国企业和消费者的力量不均衡，消费者参与决策和监管的能力明显不足。而企业不仅组织化程度高，而且熟悉相关的需求信息与产品成本。同时，企业还有相当强的讨价还价能力，甚至是参与规则制定，进而影响决策的能力。相比之下，消费者群体虽然分布广泛，但由于缺乏有效的组织和相关的价格监管的专业知识，且现有的消费者组织大多依附于各政府部门①。

---

① 刘成云．我国市政公用事业价格监管的问题与对策［J］．中国物价，2013（5）：43－45.

并且，价格监管的公开透明程度不够，程序不清，规则不明，使消费者不能有效参与决策。以价格听证会为例，仅依据企业“现场”提交的“寥寥几页”的简单材料，即使是专业人士也不能做出合理的判断，导致听证会或“走过场”，或合理的调价要求也因听证代表的反对而得不到满足。

在 PPP 项目中，政府看重的是公共服务投资，而投资人看重的是投资回报。在缺乏政府监管的状况下，投资人出于提高投资回报率的考虑，可能会采取一些影响项目质量或影响项目服务水平的措施。因此，适当的监管是必不可少的（徐向东，2014）。

六、未能适应市场需求变化

社会环境、宏观经济等方面的变动使市场预测值与实际需求之间出现差异，从而产生失败的风险。例如，2004 年建成并投入使用的山东中华发电项目，项目前期运营得较为顺利，但是，国内电力体制改革对山东电力市场产生了较大的影响，从而给该项目前期签署的购电协议带来了不少新问题。首先是最低购电量问题，根据协议的规定，山东电力集团与中华发电之间的最低购电量为 5500 小时，但从 2003 年开始，山东省计委单方面将购电量减为 5100 小时，而因购电量不足而产生的损失由山东电力集团承担，这使得山东电力集团的履约积极性受到了非常负面的影响。其次是电价问题，按照国家计委签署的谅解备忘录，石横一期、二期电厂的上网电价为 0. 41 元/度，但当菏泽电厂投入使用后，山东省物价局确定的上网电价为 0. 32 元/度，远远不能满足项目正常运营的需要。

七、缺乏公正评估的社会机制

作为利益相关方，公共部门的政绩导向、非专业性以及私营部门的逐利本性，使得它们对项目的评估预期均存在着相应的道德风险。因此，对于项目的审计和评估，引入相对独立的第三方机构是 PPP 项目合作能进行公正评估的保证（赵一丞，2016）。第三方评估公司的作用在于专业、独立，以项目组为单位，一个项目组内包括招标、工程、采购、法律、财务等各方面的专业人员。面对 PPP 项目“擦边球”，第三方评估公司要把这样的项目往合理的方向引导，尽量把握 PPP 原则，完善项目条件，把费用和成本控制在合理的范围内。

目前，我国缺乏这样的社会机制。对于地方政府来说，虽然 PPP 模式一直存在，但对项目的具体操作缺乏经验。一般来说，当某一地方政府在规划中确定 PPP 项目后，往往是交给当地某一个主管部门操作。以环保类 PPP 项目为例，目前，多以环境综合治理为主，可能涉及环保、水务、建设、国土等多部门。如果交给环保部门主管，其对自己日常范围内的工作很熟悉，但对 PPP 项目中包含的其他方面工作缺乏相应的知识和经验。同时，地方政府没有形成规模的技术官员体系，导致其专业知识不足，无法全面进行 PPP 项目管理。目前，虽然在 PPP 项目中，地方政府对第三方咨询的需求越来越大，但真正的重视程度还有待提高。

风险共担是 PPP 模式的核心原理，但无论是企业还是政府，在推进 PPP 项目的过程中，都想将风险转移给对方。一方面，企业试图取得政府通过财政补贴或政府回购等方式来兜底的保证；另一方面，政府则尝试通过 PPP 模式来降低政府的债务风险。面对项目建成投入使用过程中出现的各种问题，由于合作双方都不想承担任何风险，致使双方很难谈到一起，不利于项目的有序运转。

第三节 其他因素

除了上述 PPP 项目的内部影响因素和外部影响因素之外，还存在其他影响项目的因素，包括缺乏健全的金融体系、公众反对压力大、腐败风险以及发生不可抗力情况。

一、缺乏健全的金融体系

长期以来，我国的地方政府在基础设施项目建设与运营过程中，根据我国的实际情况，探索出地方政府融资平台模式，即由政府出资成立一个融资平台公司，并将某一领域效益好的基础设施项目与效益差的基础设施项目搭配起来，由平台公司负责建设和运营，通过项目间的收益互补来实现平台公司自身收益的平衡，以此减少地方政府的资金投入。多年来，融资平台模式在地方基础设施建设中被广泛使用，对改善各地区基础设施供给状况发挥了积极作用。但这种模式也有弊端，即各项目的成本收益无法清晰反映，许多经营时间长且已经收回成本的项目并不能到期停止收费，导致消费者对收费的不满。

经过多年的运作，融资平台负责的项目逐渐增加，其债务风险也在不断累积。据统计，到 2013 年 6 月底，地方政府融资平台债务规模已达到 4.08 万亿元，大约占到地方政府债务总额的四成。虽然从理论上讲，地方政府融资平台的债务并不能全部算作地方政府的债务，因为这些债务并不是全部由地方政府来偿还的，但现行的不透明的运作模式使得我们很难区分哪些是需要地方政府偿还的，哪些是项目自身收益可以偿还的，从而一定程度上夸大了地方政府的债务风险，影响了财政金融运行的安全性。

PPP 项目一般具有工程大、投资高、工期长的特点，其所需要的融资渠道与方式也不同于一般的公司融资，但目前，我国缺乏适应 PPP 项目需要的金融体系，很难满足 PPP 发展的需要。

项目贷款缺乏配套支持导致融资成本增加。相较于公司贷款的融资方式，PPP 模式是一种把项目的未来资产与收益作为偿还贷款的资金来源和安全保障的融资方式。对于项目的贷款人来说，其只对项目的发起人具有有限的追索权或无追索权，即贷款人只能依靠项目收益作为偿债来源，最多拥有项目公司资产的担保物权，风险相对较大。对于项目的借款人来说，贷款的偿还主要依赖于项目未来的收益与现金流量，而与项目发起人的资信关系不大。为了进一步降低贷款风险，银行通常会要求项目公司以外与项目有利害关系的第三方当事人提供担保，而债务担保人仅以各自所提供的担保金额或按有关协议承担相应责任。即使如此，贷款人还是需要承担相对较大的风险，因为一旦项目失败，贷款人并不能对项目借款人除该项目收益、资产及其所承担的义务外的其他任何形式的资产进行追索（杨学英，2005）。因此，银行对项目融资的风险评估、审批与监管都非常严格。同时，项目的融资方较多，使得项目的信用保证和融资结构非常复杂，为了完成担保或贷款需要进行大量的风险评估和分析，因此，项目的前期费用一般较高。另外，由于提供有限追索的贷款人承担的项目风险较高，因此其对费用和资金回报的要求也较高。总言之，在相同的条件下，公司融资的成本一般比项目融资的成本低。

部分国家为降低项目融资成本，会为 PPP 项目设立专门的担保基金或机构，或为其提供相应的项目保险等配套服务，以降低贷款方的前期费用以及银行的贷款风险。但目前我国尚未出台与 PPP 项目融资方式相配套的辅助政策和措施，导致项目融资成本不断上升，融资难度增加，在一定程度上影响了 PPP 模式的推广。为最大限度地减少风险，银行往往不按有限追索或无追索要求发放“砖头”贷款，而是在要求借款人提供 PPP 项目合同之外，还要求当地政府或国有企业为其做担保，这样既增加了项目的融资成本，也给地方政府带来了极大的债务风险隐患。为防范地方政府债务风险，2010 年中央发文明确制止地方政府违规担保承诺行为，这样就使许多 PPP 项目申请贷款更加困难。此外，随着国有企业承担项目的不断增多、项目收益的逐步下降，国有企业的资产负债率不断提高，借款能力下降，银行对基础设施类贷款的评审更加谨慎，发放贷款的积极性下降，从而使项目贷款申请难度进一步加大。

项目融资缺乏多样化手段。目前，作为 PPP 项目的承担方，无论是社会投资者还是政府投融资平台公司或国有企业，在投资大型基础设施项目时，除了通过政府财政资金和发行债券等方式筹集项目资本金外，其他建设资金主要靠银行贷款解决，虽然也有部分项目通过发行债券、银团贷款、成立私募基金、战略投资者参股、股票上市等方式筹集资金，但总体来看，上述融资手段应用相对较少，从而使权益性融资占比相对较少，不仅将风险全部集中在银行，而且资金成本也难以进一步下降。

此外，国有企业和平台公司在筹集项目资本金时，除了从地方政府获得承诺的资本金补助外，主要通过发债途径解决自筹部分资本金问题，但目前，多数国有企业和平台公司发债受到净资产规模不得超过 40%、最近三年平均净利润必须足以支付一年的债券利息等企业债发行条件的限制，项目资本金筹集也受到较大制约，项目公司的融资难度进一步加大。

项目融资缺乏广泛的中长期资金来源。从理论上讲，大部分 PPP 项目具有投资运营期限长、资金回收慢、回报不高但现金流较为稳定的特点，对于该类项目，一般需要大量的长期资本作为其融资来源。但在我国，受到银行为主体的金融体系影响，基础设施项目建设资金主要依靠银行贷款，而银行项目贷款期限相对较短，与项目建设运营期限并不能完全匹配，从而增大了项目公司的偿债压力。迫切需要引进更多的中长期资本来满足 PPP 项目的资金需求。

对于社保基金、企业年金和保险资金来说，自 2006 年开始相关监管才允许其以债权计划形式参与基础设施投资，主要投资领域包括能源、交通、市政、环保、通信，并允许其在银行间交易市场转让。目前，社保基金和保险资金已成功参股京沪高铁，2011 年中国人寿也和苏州市政府合作设立了股权性质的苏州市城市投资发展基金，成为国内首个保险资金支持城市基础设施建设的案例。基础设施项目自身较强的安全性和良好的流动性，原本可以吸引大量社保基金、保险资金投资于该领域。但据统计，保险资金每年投资基础设施领域仅 5000 亿元左右，与其可用于该领域的投资额仍有很大差距。究其原因，主要是现行项目担保制度不健全，项目运作机制不透明、谈判时间过长，社会资本在项目中话语权过小、股东权益得不到保障，政府缺乏严格的成本约束和科学的财务规划事权等多方面因素的影响，使社保基金、保险资金真正投入到基础设施等债权投资计划的资金数量并不大，这也在一定程度上阻碍了 PPP 模式的广泛应用。

投资的退出渠道不畅通。目前，许多地方在基础设施领域已经形成了多元投资的格局，社会投资者参与基础设施建设的积极性也较为高涨，在缓解政府资金压力的同时，项目公司也获得了相对稳定的收益。同时，有关方面也注意到，基础设施项目具有投资额巨大、回收周期长、初期回报小的特点，客观上要求投资商拥有较为雄厚的资金支撑。一旦在设施专营期内投资商的经营策略有所变化或急需使用资金，就需要一个较为畅通的产权交易平台。然而，目前我国 PPP 项目的投资退出周期较长，且非常严格。同时，股权交易市场、资产证券化等相应的 PPP 项目退出平台发展严重滞后，也没有形成一套规范、完整的制度。因此，由于项目的退出渠道不畅，从而在一定程度上阻碍了 PPP 模式的可持续发展和社会资源的合理配置（孙学工等，2015）。

二、公众反对压力大

一般来说，PPP 项目与民众的生活密切相关，影响的是公共利益。在 PPP 项目的运营过程中，有可能因环评不过关或价格变动等原因而使得公共利益受到损害，从而引发公众反对 PPP 项目的风险。例如，北京第十水厂的水价问题，由于事关民众的切身利益，因此在实施的过程中受到了来自社会各界的强大阻力，而政府从保障公众权益和维护社会安定的立场出发，也反对涨价①。针对环保类 PPP 中的垃圾焚烧、污水处理等可能会产生二次污染的项目，公众的关注度非常高。一旦相关信息未能及时向公众做出解释说明，引发周边群众恐慌和不满，就会遭到公众的强烈反对。例如，在北京鸟巢 PPP 项目中，根据相关协议，在北京奥运会结束后，项目公司有权出售国家体育场的冠名权。然而，民众普遍认为如果由企业对国家体育场进行冠名，将严重损害国家的形象，由于对民众的反对风险预估不足，结果导致项目公司只能宣布暂停出售国家体育场的冠名权。同时，民众对北京奥运会结束后国家体育场过度的商业开发措施也提出了异议，特别是对高昂的参观费用表达了强烈的不满，这也间接促进了北京鸟巢

① 康太伟. PPP 模式在基础设施建设领域中的应用研究［J］. 时代金融，2015（12）：240 - 241.

PPP 项目经营权的收回①。

三、腐败风险

如果政府官员利用自身的影响力收取不合法的财物，一方面会提高政府的违约风险，另一方面也会增加项目公司的成本。例如，某第九水厂项目由香港汇津公司投资，根据合作协议的约定，项目投资回报率为：前 4 年为 18.5%，第 5 年至第 14 年为 21%，第 15 年至第 20 年为 11%。为了维持约定的投资回报率，第九水厂制定的供水价格为 2.5 元/吨，而 1996 年某市的平均供水价格才 1.4 元/吨，因此，到 2000 年，某市自来水总公司因从第九水厂购水而产生了高达 2 亿多元的亏损。由于某市财政无法为此亏损提供补贴，因此，某市自来水总公司强烈要求更改合约，经过多次协商，双方达成以下新的协议：某市自来水总公司回购第九水厂 50% 的股权，项目投资回报率降至 14%，某市自来水总公司因此可减轻近 2 亿元的负担。事实证明，地方官员的腐败往往与对外商承诺难以达到的高回报率联系在一起。

四、发生不可抗力情况

发生不可抗力情况主要是指在项目的运营过程中，发生了合同方无法控制或回避，且在合同签订前无法提前预测的事件，如战争、自然灾害等，从而导致项目无法继续运营。例如，20 世纪 90 年代，湖南省政府与西方某跨国能源投资公司签订特许经营协议，由该公司负责建设并运营某电厂项目，在项目实施的前期，各项工作进展顺利，但后来由于该公司所在国悍然轰炸了我国驻南斯拉夫大使馆，此举严重侵犯了我国的主权。由于事发突然，两国关系骤变，严重影响了双方的合作意愿，项目公司因此未能如期完成融资任务。按照特许经营协议，湖南省政府没收了中标人的投标保函并收回了该项目，之后也未重新招标，从而导致外商投资的彻底失败。

① 赵晔．我国 PPP 项目失败案例分析及风险防范［J］．地方财政研究，2015（6）：52－56.

第七章　政府与企业合作信用风险防范思路与对策

政府和企业在相互合作过程中发挥各自的优势，在实现共赢的同时也带来了很多不确定性，为了预防和控制违约风险的发生，改善项目经营环境显得尤为重要。由于 PPP 项目的前期投资金额大，项目的回报周期长。因此，为了对 PPP 项目进行推广，就需要建立一套行之有效的保障制度①。PPP 作为一种制度供给方面的创新，需要与法治精神和契约精神建设配套执行才能保证其长期顺利有效实施②。由于项目的回报周期较长，这将直接导致项目的收益面对很大的不确定性。因此，需要有完善的法律法规来保障 PPP 项目顺利实施，保障 PPP 项目内部控制体系各项预防、控制措施顺利实施。

第一节　市场环境的法治化建设

我们需要采取多种措施推进市场环境的法治化建设，具体包括：完善市场竞争环境，加强以法制为基础的诚信体系建设，为 PPP 合同履行的稳定性提供法律保障，建立情势变更适当补偿制度，建立明晰的产权机制，强化对违约行为的制裁。

一、完善市场竞争环境

私营部门在公共基础设施和服务的实施、长期运行以及维护方面可以发挥关键作用。在成熟的 PPP 市场中，建筑公司、银行、股权提供商、设施管理提供商和咨询机构作为公共部门的合作伙伴共同协作，设计、建设、融资、运营和维护公共基础设施资产（道路、城市交通、学校、医

① 王璐．政府引导下 PPP 模式加速推广［N］．金融时报，2015－10－20.

② 贾康，苏京春．PPP：制度供给的伟大创新［N］．经济学家周报，2014－12－28.

院、废弃物管理工厂等）。因此，拥有强大的私营部门公司基础是 PPP 市场繁荣发展的最重要因素之一。

在中国的承建市场上拥有一个强大的承包商基础（我们理解主要是国有企业），但是国际投资参与相对较少；而在基础设施服务市场（包括长期运营和项目周期），市场的发展则略微滞后；在金融市场中，国有银行、其他国有企业以及地方公共部门平台占主导地位，而真正的私营部门，无论是在金融方面还是技术方面发展都较为不成熟。此外，目前在中国开展业务的国际公司数量依然较少。国际承包商、银行和投资者可能会对进入中国市场有所顾虑，除非市场自由化整体进程取得进一步进展，中国 PPP 项目的政策、监管和组织框架得到巩固，中国政府出具可靠的 PPP 潜在项目库或国家规划方案。

为此，要深化经济体制改革，使市场在资源配置的过程中发挥决定性作用，形成市场决定资源配置的约束机制、激励机制、竞争机制、供求机制和价格机制。积极稳妥地推进市场化改革，减少政府对市场的直接干预，推动资源根据市场竞争、市场规则和市场价格来实现效率的最优化与效益的最大化。从开放型经济体制、城乡发展一体化机制体制、财税体制、政府职能、现代市场体系和基本经济制度等方面入手，在对市场发挥决定性作用的问题上着力，努力构建有益于民营企业发展的社会环境、法律体系和市场规则。

二、加强以法制为基础的诚信体系建设

法律是最基本的道德，而道德是维护社会关系正常运转的基础，也是保障法律顺利实施的必要条件。信用是现代市场经济的基石，形成“一处违规、处处受限”的市场监督环境，严厉惩治失信市场主体，加强诚信体系建设有利于营造公平的市场竞争环境，树立市场参与主体的契约精神，有利于维护正常的社会经济秩序，降低交易成本和社会管理成本，提高社会效率。加强诚信体系建设也有利于改善行政管理，促进政府更好地履行市场监管、公共服务和社会管理的职责，为 PPP 项目的开展营造最佳的社会环境，使公共权力的强势得到理性和公正的发挥，并获得社会资本的信任。

加强诚信体系建设需要全面建立市场诚信记录，也需要建立信用信息公开共享的渠道，PPP 项目的建设和运营需要公共财政的投入，也需要相

关政府部门的管理，最终提供的公共物品和服务还将影响公众的切身利益，因此依法建立和认真落实 PPP 项目信息公开制度，保障公众对 PPP 项目的知情权，以公开促公正，以公开促诚信，对 PPP 项目的科学决策、规范实施、科学管理、预防腐败等都具有重要的促进作用。

三、为 PPP 合同履行的稳定性提供法律保障

对可能影响 PPP 合同履行的法律制度和政策的制定及修改建立更严格的决策程序，科学调整整体利益与局部利益的关系，避免短视行为，尽可能地保障 PPP 合同的稳定履行，减少违约现象的发生。我国实施的渐进性改革造成政策制定的不规范和不稳定，政策的变化可能会导致遵守制度的经济主体被动地遭受损失。因此，强化法治精神，为 PPP 合同履行的稳定性提供法律保障，尤其是限制行政权力的肆意作为既是法律的权威性要求，也是保障公共物品和服务质量的切实需要。

四、建立情势变更适当补偿制度

合同的约定不可能尽善尽美，事物的发展也不是一成不变的，PPP 合同履行的期限可能长达十几年甚至几十年，在此过程中客观环境存在诸多变化的可能，这些不确定因素既给社会资本参与提供公共物品和服务带来顾虑，同时在整个合同履行期间内，也可能因客观情况的重大变化给合同履行带来重大的实质性困难，进而影响公共物品和服务的提供。普通的民事合同实行合同风险和责任自负的原则，但是 PPP 合同的顺利履行不仅关系到合同当事人的权益，更可能关系到公共利益，在发生情势变更甚至出现不可抗力的情形下，如价格的大起伏、政策法律重大调整、合同基础丧失、重大灾害等，如果对原合同的成立和履行有重大影响，在企业无力全部承担增加的费用或发生的损失的情况下，应当考虑由政府对企业做出适当的补偿，让 PPP 合同得到正常履行，使公共物品和服务得以正常提供，公众利益不受影响。

五、建立明晰的产权机制

与短期目标有差异，企业在长期合作中更多考虑利益回收问题，政府要研究 PPP 项目合同期内的产权问题、经营权、收费权等利益保护问题，以便明确企业的产权。此外，通过明确公共物品和公用事业的产权，可以对行政特权起到一定的约束作用。私人资本投资于公用事业建设主要有购

买既有基础设施项目的经营权、产权或兼并重组以及直接投资于新建项目而获得经营权或产权两种方式。根据制度经济学理论，产权形式对于投资激励和提高长期绩效等问题，尤其是对解决公用事业的规制与所有制问题具有非常重要的实践意义。通过明确产权，能够有效地激励私营部门投资公用事业的积极性和维护他们利益的正当性。此外，只有明确产权，才能在项目合作中确立相关合作方的权利与义务，才能确立对私有财产的保护原则，私营部门也因此能对行政特权的行使进行抗辩，如果受到损害，就可申请相应的补偿或赔偿①。

六、强化对违约行为的制裁

缺少制裁的法律就等于缺少约束力，而缺少约束力将直接导致政府或企业违约行为的发生，有效的制裁制度会提高违约失信成本，对合同各方起到有效的震慑作用。目前，法律制度的不完善促成了公权力的强势，尤其是缺乏对政府违约的处罚制度，公权力侵犯私权利后，被侵犯的私权利往往难以得到有效的救济，造成政府违约的成本较低，使遭受损失的企业难以得到有效的补偿，而政府违约将直接导致政府公信力下降，影响社会资本参与公共基础设施建设的热情，最终影响公共物品和服务的效果及质量。

第二节　政府与企业合作项目的有效监督与管理

为了有效监督与管理 PPP 项目，需要采取以下措施：建立健全政府与企业合作项目监管体系，平衡地方政府事权与财权配置，发挥中央和地方 PPP 机构的作用，建立严格的监管和绩效评价机制，以及建立良好的审计、监督体系和方法。

一、建立健全政府与企业合作项目监管体系

PPP 国际经验说明，实施严格的项目实施方案制定流程、严密的财务控制与审批、强制交付的标准条款以及国家整体支出限制等，都对 PPP 项目大有裨益。原因是：PPP（与传统采购方式相比）操作难度大；PPP 项目的差错会造成严重后果；主管 PPP 项目的公共机构官员需要接受培训与

---

① 湛中乐，刘书燃 . PPP 协议中的法律问题辨析［J］. 法学，2007（3）：61 – 70.

支持；公共部门职责的长期性和固定性；PPP 项目金融负债不受资产负债表约束，对宏观经济稳定性造成威胁。按照国际会计准则，许多 PPP 项目不作为公共部门负债，而是作为资产负债表外融资；但是这个问题正在经受审查，未来其标准可能出现变化。目前，中国政府核算不同形式的 PPP 项目，应该是政府账目中的“资产负债表外融资”。

虽然 PPP 益处良多，但过度及不合理地运用 PPP 可能会影响经济发展。目前，国际货币基金组织及多边开发银行等机构均支持各国推动 PPP 债务透明化，鼓励各国采取国家债务总额控制。

目前，我国各省都已经开展了许多 PPP 项目，也已经制定了更广泛的平衡中央与地方关系的计划——更加侧重于权力下放。为 PPP 设置中央控制体系在某种意义上可能与权力下放的趋势相悖。此外，我国惯用的 PPP 合同结构是特许经营型，特许经营合同中公共部门债务不断变化，而可用性合同的账务处理则有所不同。但是根据 PPP 项目的特殊性质，建议记录（并可以按年度公布）PPP 项目财务方面的关键信息，尤其是公共部门产生的债务，适时考虑采用整体支出限制，以及下一步（作为国家/地方财政改革整体计划的一部分）应该考虑如何记录已有 PPP 的财务信息。

二、平衡地方政府事权与财权配置

对于地方政府来说，事权的界定和财政能力的配置始终处于平衡是最理想的情况。我国分税制机制是根据《国务院关于实行分税制财政管理体制的决定》确定的，其法律位阶较低，导致地方与中央的事权、财权划分缺乏强有力的法律支撑。为了避免地方与中央无休止的博弈、变通和应付形成的双重机会主义，应该从宪法的层面对地方与中央的权限划分、税收基本制度、总体经济平衡以及国家预算等问题进行明确规定。引入地方主体税种，保障地方必要财力。因此，应修改《财政收支划分法》《财政转移支付法》《财政监督法》，完善《宪法》相关条款，规范财政转移支付体系和财政体制，以便增强地方政府的信用保证。

三、发挥中央和地方 PPP 机构的作用

我国幅员辽阔，政府或可在重点省份或者更大区域成立或鼓励创立省级或者地区级 PPP 机构。政府应鼓励关键交付部门设立自己的机构，并考虑其在多大程度上进行规划与支持更广泛区域、省级甚至是大型城镇级别

PPP 机构设立工作。国际经验表明，一个强大的中央 PPP 机构需要有出色的专家雇员，并得到主要直属部委的支持，结构设置应允许其成为国家 PPP 机构记忆库，被授权一系列恰当职能，这样才能极大地推进 PPP 项目的成功开展。中国政府目前已经在财政部成立了一个 PPP 机构。但 PPP 办公室的职能和职责及其与政府机构（直属部委等）之间的相互关系仍有待明确。

当然，PPP 机构应该具备充分的职责与职权且有清晰的管理结构。同时，其应该在政府中占据较为重要的位置，这样才能为 PPP 项目提供长期的机构记忆和持久的知识储备，才能聘用 PPP 领域内具有商业经验的专家，才能有效地监管 PPP 项目。

在关键直属部委内部设立专门机构，有利于为开展和传播在公路、铁路、学校、医院、水务和/或废弃物管理项目等领域的行业合同和交付模式经验提供专业知识和资源。而行业特定机构则可与中央 PPP 机构共同合作，在其行业特定管辖领域内实施中央 PPP 政策、起草行业指引以及筹备试点项目。这些机构可以为监管机制的不同部分以及向私营部门提供一个组织有序的接触前线，同时也可以推动协作审批程序。

由于一般的行政部门存在着对 PPP 模式认识不足且人才和经验匮乏的问题，为了有效地对 PPP 模式的运营进行监管，也为了有效地提供公共物品与服务，应该由专业化团队进行专业化运营。可以借鉴英国基础设施局的经验，设立一个专门机构，由专业化团队进行专业化运用，确保 PPP 项目的运作更有效率。建议在我国负责基础设施建设规划、固定资产投资审批和非公经济发展政策制定等相关部门下设立专门的机构，以便统一协调、管理和组织全国的 PPP 项目事宜（孙学工等，2015）。

四、建立严格的监管和绩效评价机制

政府监管发挥着关键性的作用，在监管体系中属于中坚力量。一般来说，由于投资基础设施的资金和收益需要较长的时间才能收回，为了适应项目的长期发展趋势，政府必须制定一个合理的监管规则①。值得注意的是，在运用 PPP 模式进行我国基础设施建设的过程中，明确的 PPP 法律与监管框架应该能够在复杂长期的 PPP 安排中促进投资、减少交易成本、赋

① 张伟. PPP 模式在我国基础设施领域的发展浅析［J］. 科技视界，2015（9）：125－178.

予公共部门交易权利、确保合适的监管控制以及提供法律和经济机制以解决合同争端。在 PPP 项目中，政府需要的是公共服务，而投资人需要的是投资收益。因此，如果政府的监管措施不到位，那么投资人出于节约成本的考虑，可能会牺牲产品的质量和服务。所以说，政府的监管是必不可少的。

政府应对 PPP 项目的资金使用效率、公共服务质量和项目运作等进行综合的考核评价与全面监管，加强价格调整审核、考核评估和成本监审，仔细确立项目收益与服务价格指标，建立健全正常、规范的风险管控和退出机制，严格禁止政府为相关项目进行担保，以免发生政府债务风险。如果未能保质保量地按照约定提供公共物品与服务，应该根据协议的规定要求投资人和企业依法退出并赔偿损失。另外，应该注意规避企业自身因经营管理能力不足而引发的项目风险。

五、建立良好的审计、监督体系和方法

为确保 PPP 模式能够健康有效地应用实施，建议确立一套良好的审计、监督体系和方法。一是在项目的准入阶段，即项目开始建设之前，政府利用签约、谈判和招标等方式对 PPP 项目进行管理和监督；而在协议签订之后的阶段，政府根据合同规定对工程的投资规模、进度和质量进行监管，以便达到最优的社会效益和最大的投资收益。对产品或服务定价、产品或服务的质量及普遍程度等方面进行全面监管，当项目公司的经营管理可能危及公共安全或利益时，为了排除安全隐患，政府有权依法终止项目公司的特许经营权。二是在特许经营期限届满阶段，私营部门可以根据规定退出准经营性基础设施项目市场，而政府则可重新对项目进行特许经营权招标或根据规定对项目进行重新评估，自行落实资产移交并运营准经营性基础设施项目。

在中国以及世界上很多地方，大多数 PPP 项目是地方级或区域级的项目。目前中央高度重视地方政府债务控制和审批问题，地方 PPP 项目财务控制和审批受到更大范围改革的影响。

不同国家开展 PPP 使用监测和保障工作的情况大有不同，取决于其自身历史与体制，如表 7－1 所示。

运用中央经费。如果地方政府某个项目使用中央经费，就需接受中央控制与审批；若使用地方经费，则不受中央控制与审批。

表7-1　不同国家PPP监管体制

国家	国家与州/省的关系
澳大利亚 加拿大 美国	州/省高度独立
印度	州/省有一定的独立性
英国	地方政府过去受到较严密管控，但最近有更高的独立性
法国	较为严密管控

资料来源：根据文献资料整理。

除此之外，可设置地方PPP专项特设基金，供地方政府竞标使用，以此来保证高度监管力。也可设立地方公私合作处，以及设立专门服务于地方政府项目的专家机构。

目前，在国家发展改革委的文件中提到了“切实做好PPP项目的总体规划、综合平衡和储备管理”“各省区市发展改革委要建立PPP项目库”“将项目进展情况按月报送国家发展改革委”“编制实施方案并提交联审机制审查，明确财政承诺、财政补贴、调价方式及价格确定、投资回报方式、投资概算构成、经营服务标准、经济技术指标”。

规定使用中央拨款的PPP接受中央审批和监管；为地方特设某些PPP项目基金，地方政府以投标的方式进行申请，用于地方PPP项目（其使用情况需接受监管）；或者要求大于一定规模的PPP项目（不论是中央还是地方）均需接受中央审批。或者与之相反，大型地方项目（不论是否受到开支控制）均可得到中央或地方政府PPP机构的支持。

第三节　政府与企业合作项目的内部管理与控制[①]

PPP项目所需内部管理控制机制包括：建立行业内规范统一的合同文本，建立利益共享风险共担机制，建立健全PPP项目风险管理体系，培育政府与企业合作项目融资、股权转让的金融市场，完善PPP项目公司内控管理体系，建立有效的风险分担和信用约束机制，建立控制活动制度体系，建立信息沟通机制，信用风险应对策略。

① 案例来源：国家发展和改革委员会固定资产投资司典型案例库。

一、建立行业内规范统一的合同文本

在社会资本投资人与政府出资机构进行合同谈判时，必须要分行业建立规范统一的合同文本，确立公司章程重要条款、争议解决程序、项目移交机制、退出安排、绩效要求、项目功能、风险责任分担机制、出资方式和比例等事项。同时，股东合同和项目合同应该向相应的法治机构和财政部门进行备案。另外，合同签订后，如果发生涉及收费标准、政府补贴或出资等实质性内容变更、调整的，必须由相应的物价部门或财政部门进行确认批准①。

二、建立利益共享风险共担机制

在利益分配方面，最重要的就是要确立盈利模式，政府投融资平台公司要设计出一年、三年或者十年的盈利模式，并充分考虑 PPP 项目的资本回报能力和投入产出比，以便使得社会投资者既没有暴利又要有适当的利润。当然，如果是回报比较低的项目，政府要提供充分灵活的政策，以便形成有力度、有效益的激励，最终使得这些项目具有强大的吸引力（肖燎，2015）②；对不能盈利或微利项目，给予一定的财政补贴，并明确财政补贴数量。在风险分担方面，首先要明确政府和企业各自承担和共同承担的风险，合理分配责任义务。引进保险机构、担保公司等第三方机构进行风险转移，承担自然灾害、战争等不可抗力风险，降低政府和企业承担的风险。

三、建立健全 PPP 项目风险管理体系

建立对项目的全生命周期管理，针对 PPP 项目的特性，建立专门的风险识别、评估、监测和控制体系，其中包括培养专业的 PPP 项目风险管理人员，建立专门适应 PPP 项目的风险管理流程以及风险控制具体措施、办法；对涉及国家安全的重大项目需要制定严格的保密措施，并树立安全保密意识。

---

① 浙江省人民政府办公厅关于推广运用政府和社会资本合作模式的指导意见［N］. 浙江省人民政府公报，2015-03-17：21-25.

② 肖燎. 以中国式 PPP 模式推动湖南基础设施和公用事业建设的理性思考［J］. 湖南省社会主义学院学报，2015（5）：84-86.

四、培育政府与企业合作项目融资、股权转让的金融市场

一方面，通过该金融市场提高项目资金的流动性，解决投资人的资金周转和退出问题；另一方面，通过该金融市场鼓励社会资金的参与，扩大投资群体，提高项目资金来源的稳定性。其中，最关键的是 PPP 项目公开、透明、合理的市场定价和与之相关的投资回报机制设计，这需要设计新的金融产品来匹配市场投资者的偏好和项目资金的要求。当前，保险资金和社保基金正在寻找出路，其资金规模大、要求回报低，较能满足很多 PPP 项目资金需求量大、项目回报低的特性，只要能设计出一款保证解决保险资金和社保基金到期偿付问题的金融产品，就可以解决 PPP 项目要求的稳定的资金来源难题。

五、完善 PPP 项目公司内控管理体系

加强建设 PPP 项目公司的内部控制环境，可以保障项目公司内部控制的有效实施，影响项目整体战略目标和经营目标的实现。控制环境是所有其他内部控制要素的基础，决定了项目公司的总体态度。其包括权利和责任的分配、人力资源政策、组织结构、管理理念和经营风格、企业家精神的培养、契约精神、法治精神、监管部门的参与以及反舞弊、提高员工工作能力及促进员工职业发展的承诺等内容。从 PPP 项目本身出发，在人员、组织机构、企业文化等方面努力构建内部控制体系，建立预警机制，改善信用环境，提升经营管理能力，加强内外部监督，全力进行内控体系的建立和完善工作，从而树立和维护公司诚信、稳健和安全的良好形象，预防风险发生。

六、建立有效的风险分担和信用约束机制

风险分担与转移是 PPP 模式的核心环节。由于在项目运营的不同时期会产生不同的风险，因此，风险一般是由最能有效控制风险的一方承担。投资者通常承担由经营活动引发的风险，而政策风险、信用风险和法律变更风险等超过投资者有效控制能力的风险则一般是由公共部门承担，或者是由公私双方共同承担①。

① 蔡今思．借鉴国际 PPP 运用经验支持公共基础设施建设［J］．中国财政，2014（5）：15－17．

风险与收益成正比，这是投资的基本原则。对私营部门来说，追求利润是其参与 PPP 项目的动力，如果风险与收益不成正比，那么它们就会转移投资的目标。由于 PPP 项目的合作方各具优势，因此，应当把风险进行合理分担，使得对风险最具有控制力的一方承担相应的风险。政府既是政策的制定者，又能够影响制度与法律，因此，政府应该承担法律变更风险与政治风险。由于私营部门在 PPP 项目的建设、运营和管理方面具有优势，因此，私营部门应该承担 PPP 项目运营时产生的风险。当然，项目合作各方承担的风险不能超出它们的承受范围，如果某些风险可能会给某一方带来不可承受的损失，为了不影响风险承担者参与 PPP 项目的积极性，绝对不能让其单独承担这些风险。

基础设施的特许经营权是以一揽子的契约和合同为基础的，虽然私营部门与政府达成的协议明确了公私双方的权利与义务，但失信的状况却层出不穷。由于有限的承诺会严重影响合约的设计，而评估不信守合约承诺的事情却非常困难①。因此，要加快建立社会信用体系和信用约束机制，严厉处罚企业与政府中出现的不守信用行为，以便保障 PPP 项目的持续与稳定（孙学工等，2015）。当然，最关键的还是政府要遵守信用，发挥模范带头作用，这样才能建立起整个社会的信用体系②。

七、建立控制活动制度体系

制定控制活动管理制度，汇编控制活动实施标准。在内部控制活动实施的过程中，应逐步建立并完善以下各项标准与制度：控制活动的标准和管理制度、控制目标及要求的标准、风险控制分析文档编制标准和模板、关键控制确认标准及审定程序、建立内部控制制度文件索引的标准、关键控制程序文件、涵盖上述标准的控制活动管理制度。

风险评估的结果和相应的控制活动会随着项目公司的内部管理制度和外部经营环境的变化而不断更新。因此，相关部门需要针对变动或新增的风险进行判断。如这些控制活动中的哪些是关键控制、是否有新增的控制活动以及现有控制活动是否发生变动等。如是，则应该将识别出的关键控制活动加入风险控制文档，并将新增或变动的控制活动记录在案，最后体现在公司的制度文件中。这样，不断地更新和完善风险控制文档和关键控

① 王世君，王涯茜. PPP 模式下的政府信用问题 [J]. 合作经济与科技，2009 (11)：44 - 45.

② 王世君，王涯茜. PPP 模式下的政府信用问题 [J]. 合作经济与科技，2009 (11)：44 - 45.

制文档就可以逐步建立起科学的控制活动制度体系。

八、建立信息沟通机制

信息沟通机制主要包含两个方面：第一，为了便于员工正确地编制财务报表并履行相应的职责，应该建立一套支持信息获取、交流和确认的系统。第二，信息应该先在公司内部进行有效的沟通，之后再传达给公司外部的其他相关方。

1. 制定信息系统总体控制制度

（1）建立与完善信息系统总体控制体系。建立程序和数据的接触安全、系统的操作和运行、现有系统的变更和维护、新系统的开发和实施、信息系统的控制环境等方面的信息系统总体控制体系。（2）实现物理集中。母子公司都要实现现有系统设备的物理集中，以便对系统实行统一管理、维护和运行。（3）统一管理应用系统。财务、资产、合同以及结算系统的软件与公司统一；工资、采购和销售系统实行统一的标准，以便进行相应的存储、管理与备份。

2. 建立信息沟通体系

建立信息沟通制度的索引，描述信息沟通的现状，有利于建立内部控制相关的信息沟通的规章制度。

3. 完善披露事项的管理制度

建立一套完整的报告内部控制体系中的重大事项和有关财务信息的程序，包含重大事项的报告程序、判定标准、修订完善管理办法以及规范披露事项的搜集、汇总和披露程序，完善相关管理制度。

九、信用风险应对策略

当风险问题发生时，要努力通过实时控制将损失降到最小，将问题和损失转移，做好重大事项申报、披露沟通；当风险问题发生后，要尽快采取补救措施、应急处理等手段应对。风险应对策略包括为避免或减少项目发生风险的可能性以及其潜在损失而采取的各种措施。因此，风险管理人员必须和各专业人员共同识别项目风险发生以及使损失趋于严重的各种条件，然后通过对这些条件的控制而控制风险。

损失的产生是在一定条件下许多风险因素相互作用而导致的，而损失控制不是以设立某种基金而是以处理项目风险本身来对付的。损失控制要求对工程现场内外的布置、相关的工程技术规格、设计和施工计划、项目的总体规划等有关内容进行审查，以便确定隐藏的损失产生点，从而制订清晰的指导计划，指导采取减少和预防损失的措施，使损失降到最低。此外，在损失发生后，有效控制损失的发生程度并及时恢复项目的建设和运营。

项目风险处理的基本对策主要为风险控制、风险保留和风险转移三种形式①。在风险评估的基础上，看风险是否超过了可接受的水平，如果超出预期判断，可采取项目停止、取消或选择拯救项目并进行风险应对策略选择；当风险在可接受水平之内时进入风险应对策略选择，主要包括：接受风险、减轻风险、风险转移和风险回避。若转移风险可以选择合同转移分包方式，如地震、火灾这类纯粹风险可以选择买保险的方式进行风险转移。在谈判中应坚持风险共担的一般原则，以及明确认定风险、明确外部环境变化对风险转移及定价的影响、明确突发风险的调整机制原则。

由此可见，公正、健全的社会信用体系是 PPP 项目健康运行的基础，无论是政府还是企业恶意破坏社会信用体系，都会影响 PPP 的发展，使项目运营陷入困境。因此，建立和完善我国的信用体系非常重要，它不但可以促进金融市场结构的优化和规模的扩张，还可以促进金融生态环境往好的方面发展，从而为优化融资机构、保持持续融资能力、降低融资风险和提高融资效率提供保证（郭继秋等，2010）②。

---

① 余志峰．大型建筑工程项目风险管理和工程保险（三）——风险管理对策的规划和决策［J］．建设监理，1994（4）：46－49.

② 郭继秋，刘国亮，姚雪．影响我国城市基础设施项目融资结构的关键因素分析［J］．经济纵横，2010（8）：110－113.

第八章　经典案例及借鉴价值

一、北京兴延高速公路项目

1. 项目背景

随着京津冀一体化国家战略的推进实施、2019 年延庆世园会和 2022 年北京冬奥会等重大赛事及博览会的举办，北京市配套建设的交通基础设施投资规模将超过千亿元，政府投资压力凸显，亟须对新建高速公路投融资机制进行改革。同时，2014 年以来国务院及各部委大力推进 PPP 模式并出台了一系列相关指导文件，为全国公共基础设施 PPP 项目实施提供了充足依据。在此背景下，北京市交通委及市发展改革委积极响应国家和北京市政府倡导推进 PPP 政策导向，出台了鼓励社会投资人参与北京市高速公路投资建设的相关政策文件。为了创造更好的市场化条件，北京市政府对未来一段时期拟实施的多条高速公路项目安排了资本金补助。

2. 运作模式

项目采用 BOT 方式运作。由首发集团作为政府出资人代表与中铁建联合体共同成立北京兴延高速公路项目公司，北京市人民政府授权北京市交通委与项目公司签署 PPP 合同，授权项目公司进行高速公路投资、建设、运营管理。特许经营期分为建设期和运营期两个阶段，其中建设期至 2018 年底，运营期为 25 年，特许经营期限届满将项目资产无偿移交政府。

3. 借鉴价值

（1）采用 PPP 模式的创新点

北京兴延高速公路项目通过大胆创新、充分论证，将 PPP 运作模式的各项优点发挥得淋漓尽致，把兴延高速这样一个投资大、工期紧、建设难的低回报项目打造成为对社会资本具有显著吸引力的精品项目。项目创新主要体现在以下五个方面。

一是成为全国高速公路领域首例“约定通行费标准”的项目。通过约定通行费票价机制的设置，创新可行性缺口补助方式，有效保障社会投资人的投资回报，提高了对社会投资人的吸引力，为全国高速公路投资回报机制开创了新的路径。

二是合理设计保底车流量和超额利益分成机制。一方面通过财务测算科学合理地确定保底车流量，避免社会投资人承担过大风险，体现风险共担原则；另一方面通过设置“分梯段”超额利益分成机制，激励社会投资人通过提高运营服务水平吸引车流量，同时避免社会投资人获得不合理的超额收益，体现 PPP“利益共享、风险共担”原则。

三是构建了合理的收益分配及风险分担机制。通过保底车流量、超额收益分配、征地拆迁风险分担、政府方认可的设计变更补偿等机制的设计，为社会资本带来合理的预期收益。合同中的相关商务条款、风险分担和利益共享的约定较公平合理，增强对社会资本的吸引力。

四是评标方式采用双信封综合评估法。项目采用公开招标方式，评标过程分为两个阶段，第一阶段主要评审投资人的技术能力、商务条件等指标（第一信封），第二阶段评审投资人对约定通行费标准的报价（第二信封），第一信封和第二信封的内容合理设定权重。通过这种方式，既能选出施工组织管理能力过硬的资本方，又能使约定通行费标准得到充分的竞争。

五是创新编制高速公路 PPP 项目招标文件及合同。现阶段交通主管部门尚无此类项目的招标文件范本，该项目招标文件在综合考虑公路工程和经营性公路建设项目的招标文件范本以及财政部和国家发展改革委关于政府和社会资本合作文件的基础上编制而成，在高速公路 PPP 项目领域属于首创。

（2）项目的重要经验

一是项目依法、合规推进实施。项目以国家相关 PPP 政策文件为依据，同时结合《北京市城市基础设施特许经营条例》，明确 PPP 项目具体实施方式、市政府各相关部门的责任、项目实施流程、项目相关主体的权利义务等。

二是政府主导、企业配合、投资人自主决策。首先，北京市政府成立由主管交通的副秘书长牵头的招商工作领导小组，工作组由市交通委牵头，市发展改革委、市财政局、市重大办、市国资委、市政府法制办及相关市属国有企业等相关部门配合；其次，市属国有企业首发集团负责配合市交通委初步提出实施方案、招商方案、调研社会投资人响应度；最后，社会投资人自主决策项目内部收益率，并通过投标响应文件体现。

三是实施方案及招商方案编制合理。项目聘请了专业的第三方咨询机构，负责编制项目 PPP 实施方案、招商文件，组织公开招标等相关事宜，为项目提供全过程咨询服务，有力地保障了项目的顺利推进。

四是构建了合理的收益分配及风险分担机制。通过保底车流量、超额收益分配、风险分担、变更补偿等机制的设计，为社会投资人带来合理的预期收益，在社会投资人的经济利益和政府方的公共利益之间找到了科学合理的平衡点，提升了该项目对社会资本的吸引力。

五是规范运作和充分竞争使得公共利益最大化。该项目整个运作过程规范有序，对潜在投资人产生了较大的吸引力，实现了充分的竞争。所有投标人的商务条件均优于政府预期，最低报价仅为控制价的 53%。通过公开招标，不但实现了筹集资金、引进先进技术和管理的目标，同时有效地降低了建设和运营成本，减小了政府运营期的补贴压力，实现了公共利益最大化。

二、固安工业园区新型城镇化项目

1. 项目背景

固安工业园区地处河北省廊坊市固安县，与北京市大兴区隔永定河相望，距天安门正南 50 公里，园区总面积为 34.68 平方公里，是经国家公告（2006 年）的省级工业园区。

2002 年固安县政府决定采用市场机制引入战略合作者，投资、开发、建设、运营固安工业园区。同年 6 月，通过公开竞标，固安县人民政府与华夏幸福基业股份有限公司（以下简称华夏幸福公司）签订协议，正式确立了政府与社会资本合作（PPP）模式。按照工业园区建设和新型城镇化的总体要求，采取“政府主导、企业运作、合作共赢”的市场化运作方式，倾力打造“产业高度聚集、城市功能完善、生态环境优美”的产业新城。目前，双方合作范围已拓展至固安新兴产业示范区和温泉休闲商务产业园区。

2. 运作模式

固安工业园区在方案设计上充分借鉴了英国道克兰港口新城和韩国松岛新城等国际经典 PPP 合作案例的主要经验，把平等、契约、诚信、共赢等公私合作理念融入固安县政府与华夏幸福公司的协作开发和建设运营中。其基本特征是：

（1）政企合作

固安县政府与华夏幸福公司签订排他性的特许经营协议，设立三浦威特园区建设发展有限公司（以下简称三浦威特）作为双方合作的项目公司（SPV），华夏幸福公司向项目公司投入注册资本金与项目开发资金。项目公司作为投资及开发主体，负责固安工业园区的设计、投资、建设、运营、维护一体化市场运作，着力打造区域品牌；固安工业园区管委会履行政府职能，负责决策重大事项、制定规范标准、提供政策支持，以及基础设施及公共服务价格和质量的监管等，以保证公共利益最大化。

（2）特许经营

通过特许经营协议，固安县政府将特许经营权授予三浦威特，双方形成了长期稳定的合作关系。三浦威特作为华夏幸福公司的全资公司，负责固安工业园区的项目融资，并通过资本市场运作等方式筹集、垫付初期投入资金。此外，三浦威特与多家金融机构建立融资协调机制，进一步拓宽了融资渠道。

（3）提供公共物品和服务

基于政府的特许经营权，华夏幸福公司为固安工业园区投资、建设、开发、运营提供一揽子公共物品和服务，包括土地整理、基础设施建设、公共设施建设、产业发展服务以及咨询、运营服务等。截至 2014 年，华夏幸福公司在固安工业园区内累计投资超过 160 亿元，其中，基础设施和公共服务设施投资占到近 40%。

（4）收益回报机制

双方合作的收益回报模式是使用者付费和政府付费相结合。固安县政府对华夏幸福公司的基础设施建设和土地开发投资按成本加成方式给予 110% 补偿；对于提供的外包服务，按约定比例支付相应费用。两项费用作为企业回报，上限不高于园区财政收入增量的企业分享部分。若财政收入不增加，则企业无利润回报，不形成政府债务。

（5）风险分担机制

社会资本利润回报以固安工业园区增量财政收入为基础，固安县政府不承担债务和经营风险。华夏幸福公司通过市场化融资，以固安工业园区整体经营效果回收成本，获取企业盈利，同时承担政策、经营和债务等风险。

3. 借鉴价值

固安工业园区新型城镇化在整体推进过程中较好地解决了园区建设中

的一些难题，这种PPP模式正在固安新兴产业示范区和其他县市区复制，具有较高的借鉴推广价值。

（1）采用区域整体开发模式，实现公益性项目与经营性项目的统筹平衡

在传统的单一PPP项目中，对于一些没有收益或收益较低的项目，社会资本参与意愿不强，项目建设主要依靠政府投入。固安工业园区新型城镇化采用综合开发模式，对整个区域进行整体规划，统筹考虑基础设施和公共服务设施建设，统筹建设民生项目、商业项目和产业项目，既防止纯公益项目不被社会资本问津，也克服了盈利项目被社会资本过度追逐的弊端，从而推动区域经济社会实现可持续发展。

（2）利用专业团队建设运营园区，实现产城融合发展

为提高固安工业园区的核心竞争力，固安县政府通过让专业的人做专业的事，华夏幸福公司配备专业团队，政府和社会资本构建起平等、契约、诚信、共赢的机制，保证了园区建设运营的良性运转。固安县政府在推进新型城镇化的同时，统筹考虑城乡结合问题，加快新农村建设，进行产业链优化配置，实现了产城融合发展。

三、海南省三亚市有轨电车示范线工程

1. 项目背景

三亚市有轨电车示范线工程线路全长约8.37km，共设车站15座，南起胜利路与建港路交叉口，北止火车站，途经高档住宅区、普通居住区、滨海旅游服务带及商业区。项目可行性研究报告于2015年12月批复，项目批复投资14.7亿元。为加快三亚市有轨电车项目实施，推动城市基础设施投融资体制的创新，引进先进的管理机制和专业技术，提高城市基础设施的服务管理水平，整合全生命周期服务效率，适度分配项目投资建设及运营管理风险，缓解政府当期财政资金压力，平滑全生命周期财政资金支付额度，三亚市人民政府决定采用政府与社会资本合作（PPP）方式实施三亚市有轨电车示范线工程项目。

2. 运作模式

三亚市政府授权交通运输局作为项目的实施机构，授权交通集团作为政府出资人代表。交通运输局通过竞争方式选定社会投资人，交通集团与选定的社会投资人成立项目公司负责投资、建设及运营管理，项目公司通过票款收取及可行性缺口补助获得合理回报，运营期满无偿移交政府。

在编制实施方案的过程中，南京卓远资产管理有限公司作为项目咨询机构根据现阶段 PPP 项目模式要求及各类轨道交通案例情况，针对该项目的实际情况研究了 BOT、BOT—分类还款、BOT—AB 包模式等，并分别就各类模式下各方不同的出资比例、股权结构、合作期限等问题做了全面分析与比较，最终三亚市政府根据该项目的具体情况，决定采用 BOT 模式运作该项目。相比其他模式，该模式较为成熟，具有责权分配清晰、引资额度相对较大、社会投资人负责整体项目与全生命周期投资建设及运营管理等特点，可以有效地缓解政府方的当期资金压力、合理地分配项目各阶段风险，并赋予社会投资人更多的主观能动性，使其专注于提升整体项目全生命周期各阶段的效率。

3. 借鉴价值

该项目是国内第一条采用 PPP 模式成功实施落地的有轨电车项目，运作相对规范、方案较为完善、融资架构合理、交易架构能够结合实际情况适度创新，通过多种模式降低政府可行性缺口补助，促进了三亚市基础设施投融资体制机制改革。

（1）加强对项目公司的监督，到位不越位

政府方出资代表作为项目公司的股东之一，在董事会中具有一定的表决权；同时项目公司的财务总监由政府方委派，在不具有控制力和管理权的情况下，监督并适度参与项目公司的日常运营，了解项目公司的运营状态，对项目公司进行全面监督。

（2）积极争取国开基金，创新模式降低项目融资成本

国开基金作为该项目的融资主体之一，以增资入股的形式对该项目进行一定金额的融资，降低了项目融资成本，进一步减轻了地方政府补贴压力。国开基金并不参与项目公司的运营和管理，按照国开基金与三亚城投签订的投资合同的约定，按照其股权比例参与分配，避免了不断减少注册资本的麻烦，又进一步降低了政府总体支出负担，还有利于社会投资人独立经营项目。

（3）合理制定绩效考核机制

该项目是国内第一条有轨电车 PPP 项目，具有“旅游 + 通勤”的特性，因此需要制定完善的能够结合两种运营组织模式特点的绩效考核机制。实施机构在咨询机构的协助下，能够做到自主创新，提出了很多很好的绩效考核指标，为后续有轨电车 PPP 项目实施提供了借鉴。

四、湖南省长沙市金井“茶乡小镇”城镇建设及旅游开发一期项目

1. 项目背景

中央城镇化工作会议明确指出，积极稳妥扎实有序推进城镇化，对全面建成小康社会、加速社会主义现代化进程、实现中华民族伟大复兴的中国梦，具有重大现实意义和深远历史意义。

为推进新型城镇化和产业发展，建设特色小镇，金井镇人民政府根据当地产业特点，提出“整合乡村旅游资源，重点突出茶生态、茶文化概念，打造独具特色的茶乡小镇”的整体思路，聘请规划单位在2013年研究和编制了《长沙县金井镇总体规划（2006—2020年）（2013年修改）》，确定了“建设湖湘风情的乡村都市、打造独具魅力的茶乡小镇”的总体定位，并于2014年初启动金井“茶乡小镇”城镇建设及旅游开发一期PPP项目，旨在通过PPP模式进一步拓宽城镇化建设融资渠道，加大金井市政基础设施、公共服务和旅游基础设施以及旅游配套设施的建设力度，提高公共服务质量，提升城镇建设品质和宜居水平。通过PPP模式引入优秀的社会资本，推动金井镇以茶产业为特色的乡村休闲旅游产业的发展，进一步加快旅游引导的新型城镇化建设步伐，推动“特色鲜明、和谐宜居、充满活力”的特色小镇建设。该项目所在的金井镇，位于湖南省长沙县东北部，地处“长株潭都市圈”第二圈层的北部发展轴，是“长株潭都市圈”功能、产业、居住外溢的重要城镇，素有“小长沙”之称，以十里湖面、百年古井、千年古寺、万亩茶园闻名三湘，享有“世外长沙，绿茶天堂”的美誉，是全国重点镇、国家级生态镇、湖南省茶叶专业乡镇、湖南省首届新农村建设十大魅力乡镇、湖南省小城镇建设重点镇、湖南乡村最佳自然生态休闲旅游目的地、湖南省“两型”农业发展示范镇。

2. 运作模式

该项目采用BOT模式。经长沙县人民政府授权，金井镇人民政府作为该项目的实施机构，长沙县金诚建设投资有限公司作为政府出资代表与中标社会资本方共同出资组建项目公司。其中，项目总合作期为20年，其中建设期为3年，市政基础设施自PPP项目合同生效日起第10年移交，公共服务和旅游基础设施于PPP项目合同20年期满时移交。金井镇人民政府与项目公司签订PPP项目合同，由项目公司负责PPP项目合作范围内的市

政基础设施、公共服务和旅游基础设施，负责市政基础设施的维修养护、公共服务和旅游基础设施的运营维护、项目范围内附属可经营设施的授权经营，项目合作期满按 PPP 项目合同约定的时间将项目公司拥有的该项目范围内的项目设施无偿、完好地移交给政府或其指定机构。金井镇人民政府按 PPP 项目合同约定的方式向项目公司支付可行性缺口补助。长沙县人民政府将该项目的政府付费责任纳入长沙县财政预算及中长期财政规划，并取得长沙县人大常委会决议批复。

3. 借鉴价值

新型城镇化是中央力推的重点改革领域，是中国发展的方向之一。对于新城镇建设“建什么”“怎么建”“如何实施”，各地一直在不停地探索和实践。

（1）做好规划，找准定位，突出特色，实现城镇开发建设和产业发展相融合

科学规划，总体布局。特色小镇建设应将规划工作摆在首要位置，为城镇发展提供长期、系统、稳定的框架设计。金井镇人民政府 2013 年完成金井镇总体规划修编，2014 年提出打造“茶乡小镇”概念并编制了茶乡小镇旅游发展概念规划、石壁湖茶文化休闲公园专项规划、茶生态精品旅游线路控制性详细规划等，为金井镇推进特色小镇建设、茶产业旅游开发提供总体布局和框架设计，从宏观框架上指导项目向操作性逐步深入。

找准定位，突出特色。发展特色小镇应充分挖掘本地区优势资源，结合市场环境和资源潜力，在具备一定的产业基础上，发挥产业的集聚效应和叠加效应，推动产业集聚、创新和升级，带动自身及周边地区发展；同时吸纳就业，带来长足发展，而不是“照搬照抄”或是“追求大而全”。金井镇素以十里湖面、百年古井、千年古寺、万亩茶园闻名三湘，把稳国家大力促进旅游发展的战略方向后，金井镇人民政府抓住机遇，充分挖掘和整合金井“茶叶、茶园”相关资源，以茶产业为核心，大力发展生态旅游产业，打造茶乡小镇，促进当地茶产业发展和提升城镇建设品质，打造宜游、宜业、宜居的特色小城镇。

（2）采用 PPP 模式，创新特色小镇开发建设的投融资模式

特色小镇投资规模大、建设周期长，在化解地方政府债务压力、拓宽融资渠道、创新投融资模式的需求下，要实现特色小镇建设投资主体的多元化，建立以政府引导，社会资本广泛参与的融资模式，发挥财政资金的杠杆作用，才能够以较少的财政资金撬动庞大的社会资金。金井镇 2014 年

提出打造茶乡小镇时，正值国家大力推广应用PPP模式初期，金井镇抓住机遇、求实创新，聘请专业咨询顾问公司，通过PPP模式引入社会资本加快项目落地，在小城镇综合开发领域应用PPP模式发挥了示范作用。

该项目采用PPP模式，政府和社会资本通过签订PPP项目合同，对投资、建设、运营等全生命周期中的相关责任进行明确划分，通过设置合理的风险分配方式，降低和分散政府和社会资本各自的风险，提高特色小镇建设的效率和效益。特色小镇的建设能否吸引到社会资本的参与，关键在于特色小镇项目的回报机制设计。该项目在策划PPP模式时，将公益性项目和具有一定运营收益的准经营性项目捆绑，授予项目公司运营权获取经营收益，政府给予可行性缺口补助，即采用“使用者付费+可行性缺口补助”的模式。同时为提高运营收入，将无收益的市政基础设施移交期限设置为10年，将具有经营收益的公共服务和旅游基础设施移交期限设置为20年，通过延长运营期限，发挥社会资本的优势，提高项目运营收入，从而降低政府付费。

（3）允许和鼓励民营企业参与PPP项目，发挥社会资本的相关优势

参与特色小镇的开发建设从PPP模式开始推广之初到目前落地的情况看，参与PPP项目的社会资本主要以央企、国企、上市公司等综合实力强的主体为准，民营企业参与比重低。该项目中标的社会资本为在金井镇有茶园或经营业务的民营企业。自签订PPP项目合同到目前近一年半的时间，政府与企业合作顺畅，投融资进展和工程建设基本满足项目招标和合同约定，从实际情况来看有以下几点经验。

第一，相比其他项目，该项目投资约4亿元，规模较小，易于有一定投资实力的民营企业独立或采用联合体方式参与项目竞争。

第二，从项目推介到招标环节，政府设置较低的门槛条件，从运营能力、对当地茶产业具有一定运营优势等方面择优选择。

第三，设置合理的回报率水平，结合民营企业融资成本和合理的利润空间，在PPP项目盈利但不暴利的原则下，该项目竞价的全投资财务内部收益率上限设定为8%。

第四，设置合理的付费期限和运营期限，较短的政府付费期限和较长的运营期限能够加快企业资金流转和提高运营收入，该项目结合政府财政支付能力，政府可行性缺口补助付费期限为9年，每年等额支付，运营期限为签订合同日起20年。

以上几个条件的设置在符合PPP政策、行业惯例和市场水平的情况

下，民营企业接受度和参与积极性高，为政府允许和鼓励民营企业参与PPP项目提供了参考经验。从产城融合的角度来看，通过PPP项目的建设，社会资本既可以从外部经营环境和配套设施的优化获得收益和发展，还可以通过参与PPP项目获得合理收益；而政府方通过PPP项目，既加快了新城镇建设，又助力了本土特色产业和企业的发展，促进了经济和社会的发展。

（4）在项目实施上，厘清总体思路，稳步推进，既谋划项目也谋划推进步骤

特色小镇的规划和开发建设是一项比较综合的系统工作，需要稳步推进。金井镇人民政府先行筹划，确定了“先规划、再启动”的路径。集约发展，分期实施。特色小镇建设应该走集约化的道路，打造小而精、小而美的特色小镇，避免建设规模过大、过快和粗放式开发。金井镇在总体规划的基础上，结合完善城镇核心功能突出优势亮点，分期实施，有序推进。金井特色“茶乡小镇”建设包括两大部分内容：一是城镇综合提质改造和基础设施完善，二是依托茶生态园建设旅游基础设施，打造高品质旅游线路，依托石壁湖片区完善旅游休闲集散、商贸等功能，项目总投资约15亿元，分两期实施，二期项目在配套条件成熟后启动。

五、江苏省淮安市智慧城市项目

1. 项目背景

智慧城市是指运用信息和通信技术手段感测、分析、整合城市运行核心系统的各项关键信息，从而对包括民生、环保、公共安全、城市服务、工商业活动在内的各种需求做出智能响应。其实质是利用先进的信息技术，实现城市智慧式管理和运行，进而为城市中的人创造更美好的生活，促进城市的和谐、可持续成长。城市化进程的加快，使城市面临着交通、医疗、教育、就业、卫生环境、社会保障、公共安全等方面的挑战。在新环境下，如何解决城市发展所带来的诸多问题，实现可持续发展成为城市规划建设的重要命题。“智慧城市”是在物联网信息技术的支撑下形成的新型信息化的城市形态，也是当前世界各国城市发展的重大战略方向。

自2012年住房城乡建设部发布《关于开展国家智慧城市试点工作的通知》，到中央网信办提出新型智慧城市建设要点以来，全国掀起了智慧城市建设热潮。为进一步创新投融资机制，加快发展淮安市信息技术产业，鼓励和引导社会资本参与信息化项目，根据各部委关于促进智慧城市

健康发展的系列政策，淮安市人民政府启动了智慧城市 PPP 项目。江苏省淮安市智慧城市项目是淮安市“十三五”期间信息化建设的主要内容，对提升淮安市整体信息化水平和城市管理综合水平具有十分重要的意义。该项目于 2015 年被列为江苏省财政厅 PPP 试点项目，其社会资本合作方选择采购在第 11 届全国政府采购集采年会奖项评选中，被组委会评为“2015 年度全国政府采购精品项目”。

2. 运作模式

根据项目运作方式的适用性分析，该项目选择了“建设—拥有—运营”（BOO）的运作模式。由项目公司中兴（淮安）智慧产业有限公司负责建设基础平台（大数据中心、基础网络、城市地理信息系统）、智慧教育、智慧医疗、智慧交通、平安城市、智慧环保、智慧社区、智慧旅游、一卡通、智慧政务、企业互联等淮安市政府主导的公共性基础性信息化系统。项目建成后，可利用大数据为淮安市各行业提供数据应用及服务，并通过项目建设，以智慧城市架构为载体，推动淮安市城市信息化发展。根据智慧城市信息化可持续发展的需求，项目特许经营期内增加的支撑载体建设也可采用“建设—运营—移交”（BOT）的运作方式，新增的载体及服务需求以淮安市经信委与项目公司另行签订的协议为准。

3. 借鉴价值

（1）采用 PPP 模式的创新点

江苏省淮安市智慧城市项目最大的创新在于采用 PPP 模式建设和运营，这种模式具有投入更高效、投资有盈利、资本会增值、撬动社会资本投入等优势，改变了一般意义上智慧城市建设“只重投入不重产出、只重项目不重产业”的传统模式，改变了政府单纯投入信息化项目无效益的被动局面。

（2）示范价值

一是在智慧城市建设整体规划层面探索盈利模式，采用市场化机制，改变政府单一付费的局面。从整体全局设计的角度入手，改变单纯投资信息建设项目的现状，形成智慧城市产业。二是彻底实现城市级智慧城市 PPP，不留死角。将淮安市作为一个整体进行设计，搭建城市级智慧城市建设工程，并全部采取 PPP 的模式逐步推进投资、建设和运营等工作。三是政府高度重视，出台项目实施推进保障文件，强力推进。淮安市先后出台了《淮安市政府办公室关于印发淮安市“智慧淮安”PPP 项目管理暂行办法的通知》（淮政办发〔2016〕128 号）和《2017 年“智慧淮安”PPP

项目子项目建设计划》等文件，保障淮安市智慧城市PPP项目的有效落地。

（3）运作经验和体会

智慧城市建设是一个复杂的系统工程，需要遵循体系建设规律，运用系统工程方法构建开放的体系架构。通过树立“强化共用、整合通用、开放应用”的思想，采用“打通信息壁垒、铲除信息烟囱、消除信息孤岛、避免重复建设”的方法与策略，指导智慧城市的建设与发展。所以，项目公司在建设的过程中尤其重视“整合”工作，将梳理数据共享交换目录体系作为整体规划的落脚点来加以实施。除了技术层面的数据融通之外，对各子项目单位的主要负责人还要进行思想沟通，采用市级层面的统筹建设，打破各单位自主建设的惯有模式，难免触碰相关单位的眼前利益，这就需要政府层面进行相应的宣传、解释等动员工作。只有各单位主要负责人的思想认识与智慧城市整体规划思想保持一致，项目才会得到有序推进。此外，还需建立相应的制度保障体系，如淮安市出台的《淮安市“智慧淮安”PPP项目管理暂行办法》，明确了职、权、任务之间的关系，才能将项目做实，不因人事变动等原因导致烂尾或政绩工程。

六、江西省寻乌县太湖水库工程

1. 项目背景

《江西省寻乌水流域综合规划修编报告》提出根据流域治理开发与保护现状、存在的问题和经济社会发展需要，拟定寻乌水流域治理开发与保护的主要任务是防洪、灌溉、供水等。寻乌县目前唯一的水源为九曲湾水库，上游乡镇居住人群较多、果树种植面积大，造成九曲湾水库上游水土流失加剧、水源涵养功能下降，特别是果业面源污染问题较为突出，导致库区水量和水质均呈下降趋势，潜在的水体污染突发性事故随时可能存在。同时，寻乌水洪水主要来源于暴雨，上游河道狭窄，洪水易暴涨陡落，位于下游的水源乡和澄江镇及沿途两岸的村庄和农田经常遭受洪水灾害。因此，太湖水库工程的建设既是保障寻乌县城乡一体化供水安全的需要，也是保证下游乡镇防洪安全的需要，项目已纳入《江西省“十二五”大型水库建设规划和中型水库建设规划（2011年）》，并列入《全国中型水库建设安排意见（2013—2017年）》拟建项目、《赣闽粤原中央苏区振兴发展规划》水利重点建设项目。寻乌县经济社会发展相对滞后，由于项目建设资金投入巨大，而寻乌县可用财力十分有限，无法解决资金缺口，为推动太湖水库工程项目顺利实施，需创新投融资模式，积极鼓励和引导社会资本参与投资建设和运营管理。为此，寻乌县委、县政府决定授权寻乌县太湖水库投资开发有限责任公司（以下简称太湖投资公司）作为该项目的建设单位，通过PPP模式引入社会资本进行投资、建设及运营，切实解决筹措项目建设资金、提高工程建设质量、保障运营管理效率等实际问题。2015年3月，按照省委、省政府统一部署，省发展改革委将太湖水库工程列为全省2015年第一批政府与社会资本合作（PPP）推介项目。

2. 运作模式

（1）实施方式

采用BOT方式，即由项目公司负责投资、融资、建设、运营、维护、移交；合作期限为30年（不含建设期）；付费方式为“使用者付费+政府补贴”。

（2）交易结构

寻乌县政府依法授予赣寻公司特许经营权30年（不含建设期），由项目公司投资、建设、维护、运营该项目。特许经营期满后，赣寻公司将该项目全部设施无偿移交给寻乌县政府指定机构。

寻乌县财政局会同有关部门对项目进行绩效评价并负责信息公开，社会公众对项目进行监督，项目公司依据特许经营协议收取原水水费、获得政府补贴，以回收投资成本并取得合理的投资回报。

（3）投融资模式

项目公司注册资本金2000万元，由太湖投资公司和江西水投按3∶7的比例出资。项目公司成立后，股东双方先期按照股权比例投入项目资本金8000万元，如果项目资本金不能满足国家标准及金融机构的融资要求，项目公司股东应按照股权比例增资。项目可能获得的上级政府预算资金支持情况主要有以下几项：中央贴息专项基金8000万元、中央财政补贴2亿元、省级补贴1.26亿元、其他补贴3000万元等。项目公司负责除项目资本金、专项补助资金和县政府投资补助资金以外的项目建设资金的融资工作，如项目公司融资过程需提供第三方担保，由江西水投提供。融资风险由江西水投承担，如项目公司未能获得融资，江西水投应以自有资金给项目公司提供融资，融资成本按银行同期贷款基准利率执行。

（4）主要风险分配框架

项目按照风险分配优化、风险收益对等和风险可控等原则，综合考虑政府风险管理能力、项目回报机制和市场风险管理能力等要素，在政府、社会资本及项目公司之间设定风险分配机制。其中，寻乌县政府主要承担社会资本选择、配套及支持、政府行为、土地供应、政府付费等风险；江西水投主要协同承担投资、融资、建设、运营和成本超支等风险；赣寻公司承担投资、融资、建设、运营和成本超支等风险。

3. 借鉴价值

（1）组织有力，授权明确，沟通充分

寻乌县政府高度重视太湖水库 PPP 项目，专门召开部署和动员会，并从财政、审计、水利和法制办等各相关部门抽调了专业能力过硬的人员组成谈判小组，选聘在基础设施 PPP 和水利水务行业方面皆具专业经验的北京金准咨询有限公司作为顾问，确保谈判小组的专业性。在谈判初始便明确谈判小组的谈判授权范围，谈判小组在县政府授权框架内与社会资本进行谈判，并将谈判结果报各部门及县政府审核，在给予谈判小组充分的谈判授权的同时，也对谈判小组的权利进行必要的限制和监督。项目实施机构与相关部门密切联系、积极沟通，形成合力，加快推动项目实施。

（2）联合审议，决策透明，流程规范

寻乌县先后多次召开县委常委会、政府常务会、四套班子会、领导小组会、老干部会以及人大代表、政协委员会等，对方案和协议草案广泛征求意见，层层审议把关，确保每一项决策都做到有理有据、公开透明。在充分知情和广泛认可的基础上，寻乌县上下对该项目给予了大力支持，保障项目高效顺利实施。项目实施及采购流程严格按照《基础设施和公用事业特许经营管理办法》（国家发展改革委 2015 年第 25 号令）、《关于开展政府和社会资本合作的指导意见》（发改投资〔2014〕2724 号）、《关于印发政府和社会资本合作模式操作指南（试行）的通知》（财金〔2014〕113 号）、江西省人民政府《关于开展政府和社会资本合作的实施意见》（赣府发〔2015〕25 号）等相关政策规定执行。

（3）合理策划，灵活处理，提高效率

该项目原包括太湖水库工程、新增影响区土地房屋征收和移民安置，以及寻乌县城市供水项目三个部分，但因寻乌县城市供水项目尚未具备建设条件，PPP 谈判边界模糊，不确定因素过多，导致社会资本方采购过程推进缓慢，甚至一度停滞，项目进展与寻乌县人民群众对新的水源地开发的迫切需求矛盾突出。为加快推进采购进程，经多方权衡利弊后，政府决定将寻乌县城市供水项目单列，不纳入 PPP 项目范围，降低谈判难度。多个项目打包捆绑成一个 PPP 项目可以节约谈判时间和成本，但也意味着因各项目本身条件和实施进度不一致，增加了 PPP 实施难度，导致 PPP 落地周期长及落地难。

（4）牢抓监管，放开经营，分工明确

PPP 项目方案科学界定了政府监管权和企业经营决策权。首先，寻乌县政府通过特许经营协议，明确了寻乌县政府及各相关主管部门的监管权力。其次，寻乌县政府通过授权县属国资企业太湖投资公司作为政府授权出资人参股项目公司，通过授权出资人在股东会、董事会等项目公司决策机构的分工，充分了解项目公司经营情况，进行内部监督。最后，通过合作协议约定项目公司的治理结构和机制，政府方拥有对项目公司特别决议及影响公共利益的事项进行否决的权利，但并不干预项目公司日常经营决策，以此充分授予社会资本经营自主权，发挥社会资本在经营管理方面的优势。

七、青岛胶州湾大桥工程

1. 项目背景

胶州湾大桥于 2007 年 5 月 24 日正式开工，2011 年 6 月 30 日建成通车，2014 年通过了大桥工程质量实体验收、档案专项验收，2015 年通过了环保验收，2016 年完成了竣工验收。胶州湾大桥始终坚持高标准、严要求设计建设施工和运营养护管理。从最初的规划设计就体现了高起点，前后有几十位国内外桥梁专家参与设计论证、工程立项、开工建设的全过程，进行了长达 13 年的论证与筹备。公司克服上下部工序转换、点多线长面广、海上雾天多、国际金融市场动荡、物价大幅上涨等困难，胶州湾大桥使青岛真正进入了大青岛时代。公司及胶州湾大桥荣获了 1949 年以来山东省交通工程领域首个国家技术发明奖，创纪录地连续 3 年获得山东省科技进步一等奖，创造了 22 项中国企业新纪录和 17 项国家专利，攻克高精尖技术课题 45 项。胶州湾大桥被美国《福布斯》杂志评为“全球最棒桥梁”，荣获了有“世界桥梁界的诺贝尔奖”之称的“乔治·理查德森奖”。2015 年 11 月，胶州湾大桥工程比肩三峡工程、青藏铁路、神舟十号飞船等重大项目，荣获中国质量最高奖——“全国质量奖·卓越项目奖”。

2. 运作模式

（1）具体运作模式

项目的运作模式为“BOT + TOT”，包含新建资产和存量资产。BOT 是指胶州湾大桥独家特许经营权，在特许期内山东高速青岛公路有限公司享有投融资、建设、运营管理、维护、移交项目工程及相关所有资产和设施的权利并承担相应义务。TOT是指山东高速青岛公路有限公司在获得胶州湾大桥特许经营权的同时，按经营权租赁的方式获得胶州湾高速公路及其附属设施的排他性经营权。山东高速青岛公路有限公司还拥有大桥的广告经营权和旅游开发经营权，胶州湾高速公路的广告经营权和服务设施经营权。其中新建资产为胶州湾大桥，其运作模式为BOT（建设—运营—移交）；存量资产为胶州湾高速公路，其资产以租赁的方式转让。

（2）交易结构

项目公司为山东高速青岛公路有限公司，由山东高速集团有限公司出资建立，负责项目在特许经营期内的投资、融资、建设、运营等。项目公司首笔注册资本金不少于6亿元，已在项目公司成立之日缴足，并在一年内注册资本到位应不少于10亿元。

（3）投融资模式

山东高速集团有限公司组建项目公司山东高速青岛公路有限公司，项目公司的项目资本金为项目工程总投资的35%，其中项目资本金为33.36亿元，银团贷款62.11亿元。建设资金由项目公司向工商银行等十家银行组成的银团融资完成。

（4）回报机制

山东高速青岛公路有限公司在特许经营期内自行承担费用和风险，负责进行青岛胶州湾大桥项目的投融资、建设、运营、维护和移交；在项目建成后，租赁经营、运营、维护胶州湾高速公路；在特许经营期结束时，将项目的所有权利、所有权和权益移交给青岛市交通委或其指定机构。

（5）主要风险分配框架

根据项目的策划，分别对政府和社会资本进行了风险分配。青岛市政府承诺在特许期内，除《青岛市城市综合交通规划（2002—2020年）》确定的青岛至黄岛路桥、轨道交通通道项目外，在该项目交通量未达到设计饱和交通量的情况下，青岛与黄岛之间不再投入使用其他与该项目构成实质性竞争的路桥、轨道交通通道项目。青岛市政府确保与项目配套的陆域段接线按规划在项目工程竣工前或同步完成。以上条款对当地政府起到了一定的排他性约束作用，也将交通量保底的风险一定程度上分配给了当地政府。山东高速青岛公路有限公司按照青岛市交通委提供的工程技术标准和规范以及初步设计文件所确定的工程规模、技术标准实施项目建设。如有重大变更（包括工程范围、工程规模、技术标准的变更），需取得青岛市交通委同意后才能实施。在运营期内，山东高速青岛公路有限公司需按照特许经营协议的规定，自行承担费用和风险，管理、运营和维护胶州湾大桥以及胶州湾高速公路，确保项目始终处于安全稳定的良好运营状态。以上条款对社会资本起到了一定的约束作用，同时也将投资、建设和运营维护的风险分配给了社会资本。

3. 借鉴价值

胶州湾大桥建成后给山东省内济南、青岛两大城市间的交通带来了更为便捷的联系。以前，车辆沿济青高速南线至黄岛后需要绕行胶州湾高速才能到达青岛。由于济青高速南线的北端起点与建设中的胶州湾大桥相连，大桥建成后车辆沿济青高速南线、胶州湾大桥就可一路“直通”青岛。大桥还会进一步促进青岛与半岛城市群城市间的交通联系，对发挥青岛在山东省经济发展中的龙头作用，进一步加快山东半岛城市群建设，促进胶东半岛旅游业发展具有重要意义。青岛胶州湾大桥项目由山东高速集团有限公司投资经营，与胶州湾高速公路捆绑经营。该项目是中国国有独资单一企业投资规模最大的交通基础设施项目，是中国北方冰冻海区域首座特大型桥梁集群工程，加上引桥和连接线，总体规模为世界第一大桥。

（1）项目融资

根据特许经营协议的规定，经青岛市交通委同意，项目公司可以为该项目融资之目的，将其在特许经营协议和其他协议项下项目公司拥有的动产、不动产、项目公司的收益权及对其银行账户的权利之上设置抵押、质押或以其他方式设置担保权益。允许项目公司将收益权进行抵押能解决项目公司融资难的问题，同时由于项目投资金额较大，项目公司向银团融资，有利于降低融资风险。

（2）用地用海权利

根据特许经营协议，项目公司将自费获得建设用地用海的相关权利。土地使用权的获取是当前 PPP 项目推进过程中的关键点。国有土地使用权的取得方式有划拨、出让、出租、入股等。在基础设施建设领域，常用的用地方式为政府划拨，在青岛胶州湾大桥工程项目中，根据项目的实际情况及特殊位置，项目用地权通过自费取得。但是没有在协议中体现土地使用权费用的支出是否纳入总投资或者计入项目运营成本。在对项目进行经济评价时，会直接影响到项目的成本和收益。这也是 PPP 项目实施中需要注意的，应根据项目的情况及用地规划，进行合理设置。

（3）补偿机制的设置

由于项目特许经营期较长（25 年），中国经济发展速度较快，公路、桥梁的收费机制也在不断变化，项目充分考虑了国家政策变化的影响，在方案中设置收费权变动的补偿机制，同时收益补偿机制与项目的运营情况息息相关，有利于促进项目公司对项目运营的监管。如在特许期内，如果根据适用法律的规定，胶州湾大桥和/或胶州湾高速公路被取消收费，或因其他法律变更导致实际上取消了胶州湾大桥和/或胶州湾高速公路的收费权，进而导致项目公司的经济地位受到实质性不利影响，在项目公司继续运营的情况下，青岛市交通委可以计算精确的虚拟收费额给予补偿。

（4）税收法律风险的分担

由于中国的法律制度在不断完善，经济转型不断深化，对于相关财政政策、经济政策的调整也时有发生。在项目运营期内，税收法律的变动是无法在前期进行准确预测的，因此为保证项目的顺利进行，合理分配风险，需要对税收设置调整机制。青岛胶州湾大桥工程项目约定：如果在特许期内任何一年期间一项或多项税收法律变更造成项目公司的综合税负较确定的基准税负增加相当或超过 3000 万元人民币，并且上述增加未因对项目公司有利的税收法律变更而得到补偿，则项目公司有权要求对实际超过 3000 万元人民币以外的增加部分给予补偿，以使其基本达到未发生这些税收法律变更之前同等的经济地位。这一条款的设置，合理分配了税收变动风险的承担主体和责任。项目公司承担税收变动风险的程度为税负增加相当或不超过 3000 万元人民币，一旦超过这一承受范围，且没有得到相应的补偿，则政府方需要增加补偿额度。税收风险作为政策变动风险，本级政府对该风险的控制能力比较弱，设置为共担风险是比较合理、科学的。

（5）股权转让

PPP 模式是政府和社会资本合作进行基础设施建设，通常情况下政府方委派出资代表和中标社会资本共同出资成立项目公司，根据项目投资的大小，中标社会资本方可能会是由战略投资人和财务投资人共同组成的联合体。为保证项目的顺利推进，在进行方案设置时，会考虑对项目建设期和运营初期进行股权比例的锁定。在青岛胶州湾大桥工程项目中，项目公司在建设期内不得转让其股权，并应确保在特许经营期起始日之后的 6 年之内，项目公司的任何股东都不得将其在项目公司中的全部或部分股权进行转让，除非：①这种转让为中华人民共和国法律所要求，或具有适当管辖权的法院或有权部门所命令的转让；②这种转让是根据融资文件在其任何股份或权益之上设立或实现担保物权所导致的转让；③这种转让经青岛市交通委预先书面批准。如果项目公司在特许经营期起始日之后的6年之后进行转让，应预先获得青岛市交通委的批准。通过上述条款的设置，社会资本方在进行股权转让时必须经过实施机构（青岛市交通委）的同意，实施机构在股权的受让方面具有一定的决策能力。通过对受让方的考察，能保证项目公司股权转让之后，项目继续顺利运营，降低了项目终止的风险。

（6）工程分包

根据项目的特性，不同实施机构对项目工程建设要求不同。有的项目允许项目公司将部分子项目的建设内容进行分包，但对分包商的选择要求较高；有些项目，为保证项目的建设质量以及前期对社会资本实力、经验的考察，不允许项目公司进行分包。在该项目中允许项目工程分包，但是对分包商以及总承包商（项目公司）提出相应要求。例如，项目公司雇用承包商，包括但不限于建设承包商、设备供应商和运营维护承包商不应解除项目公司协议项下的任何义务。项目公司对于其诸承包商、它们的代理人或它们直接或间接雇用的任何人的任何作为或不作为对青岛市交通委承担全部责任，其作为或不作为视同项目公司的作为或不作为。在项目进行分包后，项目公司对项目的质量负责，这类条款的设置能约束项目公司对分包商的选择，有利于保证项目工程质量。

八、陕西省延安市延河综合治理城区段两岸城市夜间文化旅游提升工程

1. 项目背景

延河综合治理城区段两岸城市夜间文化旅游提升工程项目是陕西省延安市政府主导的、对延河综合治理城区段及延安市中心城区开展的重点夜景文化旅游提升工程。项目目的是将城区段河道两岸视野内的建筑景观、桥、绿化景观、河水倒影等串联，形成线性空间，完善延河综合治理的夜间景观功能，提升市民及游客夜间休闲活动能力，全面提升延河沿线景观品质，做美延安。该项目是我国城市灯光照明领域的首个PPP项目，也是中华人民共和国67周年华诞、红军长征胜利80周年和第十一届中国艺术节2016年10月15日在延安开幕式的礼赞工程，具有重要的社会意义。按照该项目PPP合同的约定，该项目已完成建设并进入运营期。

2. 运作模式

该项目采用“EPC+OT”模式，由政府和社会投资人联合组建的项目

公司负责项目的设计、融资、建设、运营。该项目政府和社会资本合作期限拟定11个年度。项目建设期分为两个阶段：一期工程自2016年4月至9月底，完成延河综合治理城区段景观提升、一期夜景灯光工程及主题照明工程，确保10月1日点亮。根据政府需要于2016年10月至2017年6月底完成二期夜景灯光工程，于2017年7月1日点亮。项目全部建设完成后，项目公司对所有资产进行运营维护管理。经营期满后，社会资本方退出，项目相关资产及权利无偿移交给政府方。

3. 借鉴价值

该项目与其他PPP项目相比，具有以下几个方面的特点。

（1）EPC总承包方式有助于快速完成项目建设

EPC工程总承包/交钥匙总承包模式是近年来大多数国际型工程公司的基本运作模式，是指承包商负责工程项目的设计、采购、施工安装全过程的工程总承包，并负责试运行服务，又称交钥匙工程。

作为建设方，项目公司对项目建设提出总体要求，对项目建设过程中的关键节点工作提出要求，从宏观层面控制项目的工期、投资和质量，将具体的技术性工作交给专业的工程公司，而不必卷入日常事务性管理中。

EPC可将设计、采购、施工作为一个有机整体，避免三者的相互脱节。

EPC工程总承包采用固定总价合同时，项目实施过程中的绝大部分风险由承包商承担。项目公司最关心的是工程的最终价格和最终工期，以便能够准确预测工程项目的经济可行性。建设工程承包合同中一般都将工程的风险划分为业主的风险、承包商的风险、不可抗力风险（也称为特殊风险）。一般来说，在传统合同模式下，业主的风险大致包括：政策法律风险、社会风险、经济风险等，其余风险由承包商承担。但在EPC合同下，上述传统合同模式中的外界（包括自然）风险、经济风险一般都要求承包商承担。这样，项目的风险大部分转嫁给了承包商。

EPC合同模式是一种快速跟进方式（阶段发包方式）的管理模式，与过去那种等设计图纸全部完成之后再进行招标的传统的连续建设模式不同。在初步设计方案确定后，随着设计工作的进展，完成一部分分项工程的设计后，即对这一部分分项工程组织招标，进行施工。快速跟进模式最大的优点就是可以大大缩短工程周期，节约建设投资，可以比较早地取得收益。EPC合同模式下承包商对设计、采购和施工进行总承包，在项目初期和设计时就考虑到采购和施工的影响，避免了设计和采购、施工的矛盾，减少了由于设计错误、疏忽引起的变更，可以显著减少项目成本，缩短工期。

（2）PPP模式有助于解决项目融资问题、提高服务质量

该项目工程总投资约3.7亿元，项目公司注册资本金1亿元，其中由延安市城管局下属延安市市政建设投资有限公司出资2000万元，享有项目公司20%的股权；由社会投资人出资8000万元，享有项目公司80%的股权。其余约2.7亿元由社会资本方负责投融资解决。采用PPP模式有效解决了政府融资困境，缓解了财政压力，以较小的成本提供了较好的服务产品。

（3）社会资本方选择与建设招标“两标并一标”

在政府与社会资本合作模式项目采购中，一般涉及两次政府招标过程，即确定PPP项目社会资本方的招标程序以及项目施工单位的招标程序。因此，该项目依据《招标投标法实施条例》第九条，采用了“两标并一标”的方式。需要注意的是，依据《招标投标法实施条例》第九条第（三）项，“两标并一标”隐含的前提条件是已通过招标方式选定的特许经营项目投资人。这对社会资本的综合能力提出了较大的挑战。由于建设施工利润往往较为可观，具备施工能力的社会资本参与PPP项目除了追求合理的投资利润外，施工利润往往是其最为关注的。由于交易的不确定性，二次招标会使得情况变得更加复杂。各方必须付出更多的搜寻成本、信息成本、议价成本等，交易时间较长，交易成本增加，项目管理效率也可能降低。采取“两标并一标”的方式，可以一定程度上改善上述情形。

九、浙江省丽水市地下空间开发项目

1. 项目背景

丽水市莲都区位于浙江省瓯江中游，是浙江省西南地区政治、经济、文化中心，也是丽水市人民政府所在地，总面积为1502平方公里，常住人口约46万人。随着市域经济的全面发展，丽水市居民机动车保有量快速增加，停车设施供给不足问题日益凸显，城市停车场建设增速远远低于机动车保有量增长率，使得原本较为薄弱的城市交通系统负荷较大，城市交通压力骤增，停车难问题较为突出，停车等静态交通问题对城市动态交通的影响日益增大。

加快城市停车场建设，增加公共停车设施的供给，是完善丽水市城市功能、便利居民生活的迫切需要。丽水市政府决定实施丽水市地下空间开

发项目，充分利用城市地下空间，满足公众对停车设施的需求。鉴于丽水市地下空间开发项目投资巨大、回收周期长等因素，依据《国务院关于创新重点领域投融资机制鼓励社会投资的指导意见》（国发〔2014〕60号）以及《关于促进社会资本进入公共设施建设领域的实施意见》（丽政发〔2015〕4号）等相关政策文件精神，丽水市政府决定采用PPP模式来运作该项目，以进一步创新丽水市公共基础设施类项目的投融资体制，平滑财政支出压力。

2. 运作模式

该项目采用DBFO（设计—建设—融资—运营）模式运作，项目公司接受相关部门的监督、检查。特许经营期限为22年（含建设期2年）。具体模式为：

建设期内，社会资本方首先负责项目的建设设计。设计方案经双方确认后，项目公司根据项目建设规模、设计方案、建设要求，及时足额筹措资金，逐步开展项目投资、建设工作，承担项目全部投资、建设任务，确保项目在约定时间内完工。

项目运营维护期内，政府方负责监督、管理社会资本所提供的服务，对项目公司进行绩效考核，并按照PPP项目协议的约定，支付相关政府付费款项。项目公司负责项目全部建筑物、构筑物的运营维护工作，确保项目资产处于最佳使用状态。

项目中六个公共停车场的所有权归政府方所有，项目特许经营期内项目公司只拥有停车场的经营权；商业部分的所有权与经营权始终归项目公司所有，特许经营期结束后，项目公司无须将商业部分移交给政府方。

项目特许经营期满后，项目公司将满足性能测试要求的项目资产和技术法律文件，连同资产清单移交项目实施机构或政府指定的其他机构，办妥所有权转让和管理权移交手续，配合做好项目运营平稳过渡相关工作。

3. 借鉴价值

（1）借力PPP模式，拓展城市地下空间资源

自国务院2014年43号文出台，传统的地方政府融资渠道遇阻，政府投资建设供给公共物品陷入难境，同时有限的城市空间也限制了公共设施供给的增速。为化解上述问题，丽水市政府决定借力PPP模式，借助社会资本的优势开发拓展城市地下空间，增加公共停车设施的供给，促进公共停车设施投资的多元化以及经营的规模化、产业化，化解地方政府公共服务设施的融资困境。

国家发展改革委等七部委联合印发《关于加强城市停车设施建设的指导意见》（发改基础〔2015〕1788号），意见明确以停车产业化为导向，充分调动社会资本积极性，鼓励采用PPP模式来建设停车楼、地下停车场、机械立体停车库等集约化停车设施。该项目的立意与本意见完全吻合，更进一步调动了社会资本参与该项目的热情。

（2）量身定制，针对性选用DBFO模式

鉴于该项目前期工作只完成了规划设计，确定了主要经济指标，为了充分发挥社会资本的专业优势，提高项目运作效率，项目团队为该项目选定DBFO（设计—建设—融资—运营）模式来具体运作。与传统的政府投资建设模式不同，DBFO模式下社会资本更广泛地参与项目设计、建设、融资、投资、运营、维护各个环节和阶段，承担工程投资、施工进度的主要责任，能够充分发挥其专业技术、经验及创造性，从而提高项目建设效率和经营效益。同时，政府相关部门从自己不擅长的职能领域中退出，减少存量债务和增量债务，将重心放在政策支持、行政协调、质量和运营监督等方面，从市场参与者变身为监管者。

（3）捆绑开发，形成项目的规模经济

该项目中拟开发的六个地下空间相对规模均不大，若单独招商将较难吸引实力较强的社会资本，无法实现高质量的投资建设及运营管理；将六个地下空间开发进行捆绑运作，更能增强项目吸引力，达到引入实力雄厚、具有专业经验的优质社会资本的目的。另外，为确保项目公司按期合格完成所有停车场的建设，避免其只追求商业租售部分的经营利润，该项目设置了“租售配套”条件，要求每一个商业开发的对外租售均需以一个公共停车场的竣工验收合格为前提。该项条件能最大化地发挥该项目的规模效应，约束社会资本的过度逐利行为。

（4）优化绩效，公益性和经营性相结合

该项目允许项目公司在按约定要求提供公共停车服务的同时配建部分商业面积，并且项目配套商业所有权归属项目公司，项目公司可通过租售获取收益，且无须移交给政府方；另外，部分停车场的收费标准在政府方要求的基准价基础上进行浮动，其余停车场的定价则完全由市场决定。这些条件的设计将项目的公益性与经营性相结合，有效提高项目的吸引力，同时保证项目的公共服务目的。由于该项目明确了公共停车服务的收费收入和配套商业的租售收入均由市场决定，政府只给予确定的可行性缺口补助，项目实际收益风险由社会资本自行承担，有效优化了项目的绩效导向。

（5）创新采购，土地出让与 PPP 社会资本采购相结合

由于该项目中涉及商业运营，项目用地无法通过划拨方式交付使用，而只能通过招拍挂的形式出让。在现行法律框架下，土地招拍挂的程序与 PPP 社会资本方的遴选程序是相对独立的。若分别执行土地招拍挂程序和 PPP 社会资本方的采购程序，则可能面临通过土地招拍挂程序获得该项目用地使用权的社会资本与通过 PPP 采购流程选定的社会资本不同，导致项目无法执行。为解决这一矛盾，该项目创新性地将土地出让与 PPP 社会资本方的采购相结合，即通过一次土地挂牌程序出让全部项目用地，同时将 PPP 合同作为挂牌文件的附件。PPP 合同明确核心条款不接受谈判，参与竞争项目用地的社会资本即视为接受 PPP 合同主体条款。相应地，项目的土地出让合同作为 PPP 合同的生效前提，土地出让合同提前终止，PPP 合同也即提前终止。

参考文献

一、中文文献

［1］《中国民政》编辑部. 让市场力量与政府作用相得益彰［J］. 中国民政，2014（2）.

［2］爱琳·安德森. 交易成本分析与市场营销［M］. 上海：上海财经大学出版社，2002.

［3］蔡今思. 借鉴国际 PPP 运用经验支持公共基础设施建设［J］. 中国财政，2014（5）.

［4］陈伦盛. PPP 模式运用的国际经验与中国启示［J］. 北方经济，2015（7）.

［5］杜亚灵，王垚. PPP 项目中信任的动态演化研究［J］. 建筑经济，2012（8）.

［6］范方志，汪延明. 通货膨胀与国家道德风险的关系研究［J］. 宁夏社会科学，2016（1）.

［7］郭继秋，刘国亮，姚雪. 影响我国城市基础设施项目融资结构的关键因素分析［J］. 经济纵横，2010（8）.

［8］何寿奎. 城市基础设施 PPP 建设模式挑战与对策［J］. 生产力研究，2007（8）.

［9］金红磊. 政府职能的让渡与拓展——基于公共物品的提供［J］. 经济体制改革，2005（4）.

［10］康太伟. PPP 模式在基础设施建设领域中的应用研究［J］. 时代金融，2015（12）.

［11］柯永建，王守清，陈炳泉. 基础设施 PPP 项目的风险分担［J］. 建筑经济，2008（4）.

［12］李洁，刘小平. 国际工程成败之间［J］. 中国外汇，2015（10）.

[13] 李永强，苏振民 . PPP 项目风险分担的博弈分析 [J]. 基建优化，2005 (26).

[14] 梁学平 . 中国公共物品的供给研究 [M]. 天津：南开大学出版社，2004.

[15] 廖凡 . 地方政府性债务风险防治的法律对策 [J]. 广东社会科学，2014 (4).

[16] 刘成云 . 我国市政公用事业价格监管的问题与对策 [J]. 中国物价，2013 (5).

[17] 刘明选，张美萍 . 信用建设的博弈分析 [J]. 经济问题，2002 (4).

[18] 马骥，陶安 . PPP 热背后的冷思考 [J]. 统计与咨询，2015 (10).

[19] 裴俊巍，包倩宇 . 加拿大 PPP 法律、实践与民意 [J]. 中国政府采购，2015 (8).

[20] 亓霞，柯永建，王守清 . 基于案例的中国 PPP 项目的主要风险因素分析 [J]. 中国软科学，2009 (5).

[21] 孙学工，刘国艳，杜飞轮，杨娟 . 我国 PPP 模式发展的现状、问题与对策 [J]. 宏观经济管理，2015 (2).

[22] 孙艳娜，刘小乐，姬绍东 . 项目融资过程中的风险性研究 [J]. 中国电力教育，2008 (6).

[23] 王世君，王涯茜 . PPP 模式下的政府信用问题 [J]. 合作经济与科技，2009 (11).

[24] 魏加宁 . PPP 冷热不均的原因分析与政策建议 [J]. 改革实践，2015 (5).

[25] 吴晶妹 . 现代信用学 [M]. 北京：中国金融出版社，2002.

[26] 谢康 . 信息经济学原理 [M]. 长沙：中南工业大学出版社，1998.

[27] 谢识予 . 经济博弈论 [M]. 上海：复旦大学出版社，1997.

[28] 徐飞，宋波 . 公私合作制（PPP）项目的政府动态激励与监督机制 [J]. 中国管理科学，2010 (3).

[29] 徐向东 . PPP 项目实践的十大法律问题 [N]. 东方早报，2014-12-02.

[30] 薛江炤 . 中国与英美地方政府投融资体系比较 [N]. 中国经济

时报，2006－04－10.

［31］严海波．交易、制度与信用［D］．成都：西南财经大学，2006.

［32］颜小冬，杜菊辉．社会诚信体系框架的构建［J］．湖南人文科技学院学报，2008（3）．

［33］杨光．PPP 模式成功关键在于风险管控［N］．中华工商时报，2015－09－25.

［34］杨光．澳大利亚政府与私人企业——在 PPP 融资模式中取得双赢［N］．中国财经报，2014－02－11.

［35］余瑞娟．诚信政府研究综述［J］．魅力中国，2010（17）．

［36］余志峰．大型建筑工程项目风险管理和工程保险（三）——风险管理对策的规划和决策［J］．建设监理，1994（4）．

［37］喻敬明，林均跃，孙杰．国家信用管理体系［M］．北京：社会科学文献出版社，2000.

［38］湛中乐，刘书燃．PPP 协议中的法律问题辨析［J］．法学，2007（3）．

［39］湛中乐，刘书燃．PPP 协议中的公私法律关系及制度抉择［J］．法治研究，2007（4）．

［40］张超，张旭升，吴元清．政府信用的社会学本质与政府信用重建：新制度主义视角［J］．理论月刊，2008（7）．

［41］张海新．国家信用［M］．大连：东北财经大学出版社，2000.

［42］张维迎．博弈论与信息经济学［M］．上海：上海人民出版社，1996.

［43］张维迎．企业理论与中国企业改革［M］．北京：北京大学出版社，1999.

［44］张伟．PPP 模式在我国基础设施领域的发展浅析［J］．科技视界，2015（9）．

［45］张旭霞．现代政府信用及其建构的对策性选择［J］．南京社会科学，2002（11）．

［46］张远．信息与信息经济学的基本问题［M］．北京：清华大学出版社，1992.

［47］赵晔．我国 PPP 项目失败案例分析及风险防范［J］．地方财政研究，2015（6）．

［48］赵一丞．重大节水供水工程中 PPP 模式运用的探析［J］．水利

经济，2016（1）.

［49］郑思齐，胡晓珂，张博，王守清．城市轨道交通的溢价回收：从理论到现实［J］．城市发展研究，2014（2）.

［50］郑婷，赵淑丽．论政府信用的建立［J］．广西社会科学，2004（5）.

［51］中国人民银行郑州中心支行调查统计处课题组．PPP 模式推广困难原因探析及对策建议［J］．金融发展评论，2015（11）.

［52］中国石油天然气有限公司内控项目建设委员会．COSO 企业风险管理框架与应用方法［M］．北京：石油工业出版社，2005.

［53］周高平，周直．基础设施项目投资风险灰色预测模型研究［J］．中南公路工程，2006（6）.

［54］周绍朋，王健．中国政府经济学导论［M］．北京：经济科学出版社，1998.

［55］周伟林．中国地方政府经济行为分析［M］．上海：复旦大学出版社，1997.

［56］周阳．我国城市水务业 PPP 模式中的政府规制研究［J］．中国行政管理，2010（3）.

［57］朱蕾，袁竞峰，杜静．基于 PPP 合同行政属性的政府介入权研究［J］．建筑经济，2007（10）.

二、英文文献

［58］Altman，E. I. Financial ratios. Discriminant analysis and the prediction of corporate bankruptcy［J］. *The Journal of Finance*，1968，23（4）：589－609.

［59］Altman，E. I. *Predicting financial distress of companies：revisiting the Z-score and ZETA models*［M］. Stern School of Business，New York University，2000：9－12.

［60］Altman，E. I.，Brady B，Resti A，et al.. The link between default and recovery rates：Theory，empirical evidence，and implications［J］. *Journal of Business Chicago*，2005，78（6）：2203.

［61］Aragao，J. J. G.，Nascimento，N. J. *Modelling public private partnerships. Proceedings of System Dynamics Society Annual Conference*［M］. Albany：University at Albany，2010：1180－1196.

[62] Arndt, R. *Optimum risk transfer in build-own-operate-transfer projects: the challenge for governments* [M]. ARRB Group Limited, 1998.

[63] Arrow, K. J. Essays in the Theory of Risk-Bearing [J]. *Journal of Finance*, 1972.

[64] Asian Development Bank. *Handbook of PPPES* [M]. Manila, ADB, 2007.

[65] Back, B., Laitinen, T, Sere, K. van Wezel, M. *Choosing bankruptcy predictors using discriminant Australian market* [M]. University of Vienna, 2003.

[66] Barnard, C. and Simon, Herbert A. *Administrative Behavior: A Study of Decision-Making Processes in Administrative Organization* [M]. New York: Macmillan, 1947.

[67] Beaver, W. H. Financial ratios as predictors of failure [J]. *Journal of accounting research*, 1966: 71 - 111.

[68] Bennett, R. J, Krebs, G. *Local Economic Development: Public-Private Partnership Initiations in Britain and Germany* [M]. Burns & Oates, 1991.

[69] Boot, A. W. A, and Thakor, A. V. Can relationship banking survive competition [J]. *The Journal of Finance*, 2000, 55 (2): 679 - 713.

[70] Boussabaine, A. *Risk pricing strategies for public-private partnership projects* [M]. John Wiley & Sons, 2013.

[71] Brown, S., Hillegeist, S. A. and Lo, K. *Voluntary Disclosure Frequency and Information Asymmetry* [R]. Working Paper, Emory University, Atlanta, GA, 2002.

[72] Carroll, Peter, and Peter Steane. *Public-private partnerships: Sectoral Perspective [A] //in Osborne, Stephen. P. (ed.). Public-Private Partnerships: Theory and Practice in International Perspective [M].* London: Routledge, 2000.

[73] Checkland, P. *Four conditions for serious systems thinking and action* [J]. Syst. *Res. Behav. Sci.* 2012, 29 (5): 465 - 469.

[74] Chen, M. and Shi, X. J. Risk allocation of public-private partnerships in public stadium construction projects [A] //*Proceedings of CRIOCM* 2009 *International Symposium on Advancement of Construction Management and Real Estate*, 2009, 3: 1338 - 1342, 29 - 31.

[75] Chen, Y., Weston J., and Altman, E. *Financial Distress and Re-*

structuring Models [J]. Financial Management, 1995, 24: 57 -75.

[76] Chen, C., and Doloi, H. *BOT application in China: Driving and impeding factors* [J]. International Journal of Project Management, 2008, 26: 388 -398.

[77] Coase, R. H. *The Nature of the Firm* [M]. Economica, 1937.

[78] Collin, S. O. *In the twilight zone: a survey of public-private partnerships in Sweden* [M]. Public Productivity & Management Review, 1998: 272 -283.

[79] Fama, E. F. *Term premiums and default premiums in money markets* [J]. Journal of Financial Economics, 1986, 17 (1): 175 -196.

[80] Ferri, G., Liu, L. G., Majnoni, G. *The role of rating agency assessments in less developed countries: Impact of the proposed Basel guidelines* [J]. Journal of Banking & Finance, 2001, 25 (1): 115 -148.

附录1　政府与企业合作影响因素评估调查问卷

问卷说明

（1）问卷包括两部分

第一部分是背景资料（6项），第二部分是项目影响因素评估（28项）以及您认为需要补充的因素。

（2）发生概率（包含5个等级）

很小：1，较小：2，一般：3，较大：4，很大：5

（3）影响程度（包含5个等级）

很小：1，较小：2，一般：3，较大：4，很大：5

一、背景资料

1. 您的工作单位：

2. 单位性质（国企/民营/混合）：

3. 行业领域：

4. 工作岗位：

5. 您从事工程项目的工龄：

6. 已参与PPP项目：

二、影响因素评估

分类	影响因素	发生概率（1~5）	影响程度（1~5）
国家/政府	1. 政治、经济、社会形势变化		
	2. 政策变化		
	3. 项目审批受阻		
	4. 经营权或控股权的变化		
	5. 政府过度干预企业经营活动		

续表

分类	影响因素	发生概率（1～5）	影响程度（1～5）
市场/行业	6. 融资条件变化		
	7. 融资成本提高		
	8. 合同内容变更		
	9. 法律法规变更		
	10. 行业标准变更		
	11. 税收变化		
	12. 行业规范变更		
	13. 操作指南变更		
	14. 公众认同度变化		
项目建设	15. 建设成本超过预算		
	16. 施工工期拖延		
	17. 上下游行业形势变化		
	18. 规划变化导致设计变更		
	19. 专业人才缺失		
项目运营	20. 项目唯一性变化		
	21. 收益率低于预算值		
	22. 运营成本增加		
	23. 运营收入被拖欠		
	24. 招商条件未兑现		
	25. 处置量远远小于规划设计能力		
	26. 收费定价低于操作成本		
	27. 原材料、劳动力成本上涨		
	28. 项目多头管理，程序复杂		

如您认为还有其他重要的影响因素（定性、定量均可）需要补充请填列：

影响因素	发生概率	影响程度

附录2 政府与社会资本合作相关政策法规

国务院相关政策

1. 《国务院关于鼓励和引导民间投资健康发展的若干意见》（国发〔2010〕13号）

2. 《国务院办公厅关于政府向社会力量购买服务的指导意见》（国发办〔2013〕96号）

3. 《国务院关于加强地方政府性债务管理的意见》（国发〔2014〕43号）

4. 《国务院关于深化预算管理制度改革的决定》（国发〔2014〕45号）

5. 《国务院关于创新重点领域投融资机制鼓励社会投资的指导意见》（国发办〔2014〕60号）

6. 《关于在公众服务领域推广政府和社会资本合作模式的指导意见》（国发办〔2015〕42号）

7. 《国务院办公厅关于印发地方政府性债券　风险应急处理预案的通知》（国办函〔2016〕88号）

8. 《关于进一步激发社会领域投资活力的意见》（国发办〔2017〕21号）

9. 《关于进一步激发民间有效投资活力促进经济持续健康发展的指导意见》（国发办〔2017〕79号）

国家发展改革委相关政策

1. 《关于加快推进健康与养老服务工程建设的通知》（发改投资〔2014〕2091号）

2. 《国家发展改革委关于开展政府和社会资本合作的指导意见》（发改投资〔2014〕2724号）

3.《国家发展改革委　财政部　水利部关于鼓励和引导社会资本参与重大水利工程建设运营的实施意见》（发改农经〔2015〕488号）

4.《基础设施和公用事业特许经营管理办法》（国家发展和改革委员会令〔2015〕25号）

5.《关于推进开发性金融支持政府和社会资本合作有关工作的通知》（发改投资〔2015〕445号）

6.《国家发展改革委关于切实做好传统基础设施领域政府和社会资本合作有关工作的通知》（发改投资〔2016〕1744号）

7.《关于开展重大市政工程领域政府和社会资本合作（PPP）创新工作的通知》（发改投资〔2016〕2068号）

8.《国家发展改革委　财政部关于运用政府投资支持社会投资项目的通知》（发改投资〔2015〕823号）

9.《国家发展改革委关于切实做好〈基础设施和公用事业特许经营管理办法〉贯彻实施工作的通知》（发改法规〔2015〕1508号）

10.《国家发展改革委　财政部　国土资源部　银监会　国家铁路局关于进一步鼓励和扩大社会资本投资建设铁路的实施意见》（发改基础〔2015〕1610号）

11.《国家发展改革委　中国保监会关于保险业支持重大工程建设有关事项的指导意见》（发改投资〔2015〕2179号）

12.《国家发展改革委　住房和城乡建设部关于城市地下综合管廊实行有偿使用制度的指导意见》（发改价格〔2015〕2754号）

13.《关于国家高速公路网新建政府和社会资本合作项目批复方式的通知》（发改办基础〔2016〕1818号）

14.《国家发展改革委　国家林业局关于运用政府和社会资本合作模式推进林业建设的指导意见》（发改农经〔2016〕2455号）

15.《国家发展改革委　农业部关于推进农业领域政府和社会资本合作的指导意见》（发改农经〔2016〕2574号）

16.《国家发展改革委　国家能源局关于规范开展增量配电业务改革试点的通知》（发改经体〔2016〕2480号）

17.《国家发展改革委　中国证监会关于推进传统基础设施领域政府和社会资本合作（PPP）项目资产证券化工作的通知》（发改投资〔2016〕2698号）

18.《国家发展改革委办公厅　交通运输部办公厅关于进一步做好收

费公路政府和社会资本合作项目前期工作的通知》（发改办基础〔2016〕2851号）

19.《进一步做好重大市政工程领域政府和社会资本合作（PPP）创新工作的通知》（发改投资〔2017〕328号）

20.《政府和社会资本合作（PPP）项目专项债券发行指引》（发改办财金〔2017〕730号）

21.《关于加快运用PPP模式盘活基础设施存量资产有关工作的通知》（发改投资〔2017〕1266号）

22.《国家发展改革委关于鼓励民间资本参与政府和社会资本合作（PPP）项目的指导意见》（发改投资〔2017〕2059号）

财政部相关政策

1.《政府采购非招标采购方式管理办法》（中华人民共和国财政部令〔2013〕74号）

2.《关于推广运用政府和社会资本合作模式有关问题的通知》（财金〔2014〕76号）

3.《关于做好政府购买养老服务工作的通知》（财社〔2014〕105号）

4.《关于政府和社会资本合作示范项目实施有关问题的通知》（财金〔2014〕112号）

5.《政府和社会资本合作模式操作指南（试行）的通知》（财金〔2014〕113号）

6.《关于规范政府和社会资本合作合同管理工作的通知》（财金〔2014〕156号）

7.《关于规范政府和社会资本合作（PPP）综合信息平台运行的通知》（财金〔2015〕166号）

8.《PPP物有所值评价指引》（财金〔2015〕167号）

9.《关于政府和社会资本合作项目政府采购管理办法的通知》（财库〔2014〕215号）

10.《关于运用政府和社会资本合作模式推进公共租赁住房投资建设和运营管理的通知》（财综〔2015〕15号）

11.《关于政府和社会资本合作项目财政承受能力论证指引的通知》（财金〔2015〕21号）

12.《关于市政公用领域开展政府和社会资本合作项目推介工作的通知》（财建〔2015〕29号）

13.《关于进一步做好政府和社会资本合作示范项目工作的通知》（财金〔2015〕57号）

14.《关于实施政府和社会资本合作项目以奖代补政策的通知》（财金〔2015〕158号）

15.《关于推进交通运输领域政府购买服务的指导意见》（财建〔2016〕34号）

16.《关于联合公布第三批政府和社会资本合作示范项目　加快推动示范项目建设的通知》（财金〔2016〕91号）

17.《政府和社会资本合作项目财政管理暂行办法》（财金〔2016〕92号）

18.《关于进一步规范地方政府举债融资行为的通知》（财预〔2017〕50号）

19.《关于坚决制止地方以政府购买服务名义违法违规融资的通知》（财预〔2017〕87号）

20.《关于在收费公路领域推广运用政府和社会资本合作模式的实施意见》（财建〔2015〕111号）

21.《关于进一步共同做好政府和社会资本合作（PPP）有关工作的通知》（财金〔2016〕32号）

22.《关于在公共服务领域深入推进政府和社会资本合作的通知》（财金〔2016〕90号）

23.《关于深入推进农业领域政府和社会资本合作的实施意见》（财金〔2017〕50号）

24.《关于规范开展政府和社会资本合作项目资产证券化有关事宜的通知》（财金〔2017〕55号）

25.《关于组织开展第四批政府和社会资本合作示范项目申报筛选工作的通知》（财金〔2017〕76号）

26.《民政部　人力资源和社会保障部关于运用政府和社会资本合作模式支持养老服务业发展的实施意见》（财金〔2017〕86号）

27.《关于推进水污染防治领域政府和社会资本合作的实施意见》（财建〔2015〕90号）

28.《关于规范政府和社会资本合作（PPP）综合信息平台项目库管理的通知》（财办金〔2017〕92号）

29.《财政部 住房和城乡建设部 农业部 环境保护部关于政府参与的污水、垃圾处理项目全面实施PPP模式的通知》(财建〔2017〕455号)

30.《文化旅游部 财政部 关于在旅游领域推广政府和社会资本合作模式的指导意见》(文旅旅发〔2018〕3号)

31.《财政部关于进一步加强政府和社会资本合作(PPP)示范项目规范管理的通知》(财金〔2018〕54号)

其他部委相关政策

1.《建设部关于加快市政公用行业市场化进程的意见》(建城〔2002〕272号)

2.《关于印发城市供水、管道燃气、城市生活垃圾处理特许经营协议示范文本的通知》(建城〔2004〕162号)

3.《关于加强国有资产评估管理暂行办法》(国务院国有资产监督管理委员会令〔2005〕12号)

4.《关于加强市政公用事业监管的意见》(建城〔2005〕154号)

5.《经营性公路建设项目投资人招标投标管理规定》(交通运输部令〔2007〕8号)

6.《关于进一步鼓励和引导民间资本进入市政公用事业领域的实施意见》(建城〔2012〕89号)

7.《建设部市政公用事业特许经营管理办法》(建设部令〔2014〕126号)

8.《国家能源局关于鼓励社会资本投资水电站的指导意见》(国能新能〔2015〕8号)

9.《关于鼓励民间资本参与养老服务业发展的实施意见》(民发〔2015〕33号)

10.《住房和城乡建设部 国家开发银行关于推进开发性金融支持海绵城市建设的通知》(建城〔2015〕208号)

11.《国家能源局关于在能源领域积极推广政府和社会资本合作模式的通知》(国能法改〔2016〕96号)

12.《收费公路政府和社会资本合作操作指南》(交办财审〔2017〕173号)

13.《关于加强中央企业PPP业务风险管控的通知》(国资发财管〔2017〕192号)

后　记

本书是在本人博士论文的基础上不断修改和完善取得的成果。选择有关信用问题的研究源于工作、学习、生活中的所见所闻所感。随着写作过程中对相关信息资料的收集整理，再结合实践调研认识到该题目所涉及内容的深度和广度以及理论分析本身的难度，深感对于这个课题的研究还不够，需要投入更多的时间和精力。

本书主要研究的是政企合作过程中的信用风险问题，在实践中，需要大量的违约或发生纠纷处理的案例作为样本，但由于相关数据资料很难获取，被调查对象也不足以全面反映相关问题，只能总结提炼和分析部分风险因素，在此基础上得出的结论有时会和实际有误差，这既是此书的不足之处，也为未来继续深入研究提供了方向。政府和社会资本合作作为全面深化改革项目在未来还会有很多新的问题出现，希望能以此为契机，继续在这方面做深入研究，充分反映政企合作项目中的各类风险因素，并提出更为系统全面的、有针对性的风险防范对策建议。

回顾过去，满满的收获与快乐。重返校园，将工作中的体会和所学理论结合，发现收获更多的是对生活中一些问题的理解和感悟，认识到自己各方面的不足和进一步努力的方向。

感谢我的博士生导师曹玉书先生，在博士期间给予的支持和帮助，先生不仅在理论学习、论文选题、具体写作中给予认真严格的指导，而且在实践调研过程中悉心帮助和引领，激励我要不断努力，要以更积极热情的态度对待生活中的一切，先生不仅是我的学习导师更是我的生活导师。

感谢我的博士后导师马建堂先生，由于该书是在我博士后工作期间完成的，马老师结合我的入站选题和研究基础，帮我确定了“信用政府建设研究”方向，我非常喜欢这个题目，觉得这个选题更具实践价值和意义，其中政府与市场关系部分就涉及政府与企业合作过程中的违约和守信问题。马老师在这个问题的研究思路和方法上给予了悉心指导和帮助，并就具体问题给出建议，我把从中学习和总结的重要内容、思想和方法融入写作中，最终形成现在的书稿。

感谢我的硕士导师李苏幸老师在学习生活上的指导，还在文章定稿前帮我校对。感谢马忠玉老师、邹东涛老师、窦尔翔老师、黄小勇老师、文学国老师、谢朝斌老师、翁建敏老师、刘克龙老师、王晓明老师、张兴无老师给予的支持、帮助和鼓励。感谢吕欣主任、李阳师兄对本书整理和出版的大力支持与帮助，感谢同事郭晓萧在书稿打印前的编辑校对和与出版社的联络沟通。

感谢博学细腻的方敏同学、绅士大度的张然同学、善良可爱的赵亚琪同学、聪明伶俐的贺婷同学、爱心满满的梁宇宇同学、大哲学家姜磊同学，还有球场健将石昊辰同学，等等。因为你们，我的学习生活多了更多欢乐。感谢郑小霞师姐，安淑新师兄、王海波师兄，我的好朋友刘京松、欧艳国、孙亚成、刘楠、王强、张磊、王铁成、靳春雷、张成等人在论文写作阶段提供了大量信息资料和对专业问题的指导。感谢北京光环时代国际咨询有限公司申龙先生帮我提供案例支持和讲解。

最后，还要特别感谢我的母亲潘玉荣，是您的聪明、智慧、善良、大度和谆谆教诲，让我懂得做人的道理和为人处世要秉持的态度。感谢我的父亲冯树有，是您的坚强、勇敢和勇往直前的态度教我学会做人要不断坚持和努力。谢谢我的哥哥冯利民、弟弟冯利军，有你们陪伴，我成长的路上从未感觉到孤独，谢谢你们对我的支持和鼓励，我才有足够的信心、时间和精力完成我的学业。在外工作和学习不能与你们常相聚，却总是让你们为我操心，深感歉意，在此，向你们道声——对不起！你们辛苦了！每天能在电话里听到你们的声音是我工作、学习和生活的最大动力，请你们放心，我会努力把生活安排好，把一切问题处理好，永远爱你们！

在该书稿的写作和出版过程中，要感谢的人太多，我的亲人、同窗好友、同事，谢谢你们对我的默默关心和祝福，哪怕一次短暂的交流，一句祝福安慰的话足以让我感动，谢谢你们。

冯利华

2019 年 5 月 6 日

（农历四月初二）